20 世纪中国图书馆学文库·73

西文文献编目

段明莲 关懿娴 编著

圕 國家圖書館出版社

本书据北京大学出版社 1991 年 10 月第 1 版排印

序

　　1963—1964 年，我为北大图书馆学系 1960 级第一次开设《西文图书编目》课程，并且编写了讲义。1974 年编写了二稿。随后，中国科学院图书馆阎立中同志采用讲义二稿，作为该馆业务培训班的教材，并加以增删，首次收入了 AACR2 的内容，使之大为充实。1977 年重新正式招生时，我在科图印本的基础上，再行修改补充，成为我系 1977 和 1978 两个年级学生使用的教材。此后，我因病及投入研究生的教学和管理工作，此课改由段明莲同志担任。现在付印的稿子是段明莲同志积累了她十年多来的教学经验，并根据美、英等国近年来西文文献编目工作的巨大变化和发展，不断地对原来的内容作了很大的修改、补充和更新而写成的。她的辛勤劳作和刻苦努力堪足称道。我参加了统稿工作，串读了全书，改写了某些段落，并作了一些文辞上的润色。其中有些问题跟我系"图书馆目录"课程有关，特邀李纪有同志通阅了全书。他所提出的许多富有建设性的意见，避免了两门课程的重复交叉，一定程度上保证了本书的质量。他为本书的出版从多方面给以支持。不幸的是，他已于本书发稿时因车祸逝世。我们除了感念之外更感悲痛。北京大学图书馆熊光莹同志在繁忙的工作中，撰写了第十二章"文献目录的规范工作"。这对增强本书的科学性和实用价值是很重要的。因为那是她在国外进修时的专门课题。对此，我们只做了一些协调工作，尽量保留这一章的风格和原貌。

本书与近年出版的兄弟院校编写的资料丰富、文图并茂的同一课程的教科书相比，是微不足道的。但它有如下特点：

　　第一，它简单明了，但我们不敢说它短小精悍。全书十二章共18万字，适合大学本科和函授专科用作教材，也可供一般的自学者学习和西编工作人员参考阅读。

　　第二，它注重实际应用。这在多年来培养学生的动手能力方面是颇见成效的。其缺点则为理论分析显嫌不足，对这方面的研究人员的培养与启迪，有些欠缺。

　　第三，它以我国在 AACR2 的基础上编成的、于 1985 年出版的《西文文献著录条例》为依归。为适应我国图书馆文献著录标准化而采用了 ISBD 的格式。此外，它也注意到世界上有关内容的最新成果，如 1988 年出版的 AACR2 的修订版，也在书中得到反映。但总的说来，此书所涉及的主要是一些基础知识和基本方法。

　　我在手术后参与这一工作，只能是勉强而为之，就我个人来说，由于任务紧迫，时间有限，只能说是仓促而成。作为数十年从事这一学科教学工作的一员，是不应仅仅以"力不从心"而自解自恕的。

关懿娴

1991 年于北大

目 录

第一章　导　　论

第一节　西文文献编目工作概述

一、编目工作的内容

西文文献编目工作包括文献著录、文献分类、主题标引、目录组织以及文献的技术加工。文献著录是指在编制文献目录时,对文献形式特征进行分析、选择和记录的过程,它通常称为"著录"(Description cataloguing)。文献著录是编目工作的基础,主要是对文献的形式特征进行描述。文献分类是按照文献内容的学科属性或其他特征,把图书馆藏书予以一一揭示,并分门别类将它们系统地组织起来的一种手段。一个图书馆的文献经过分类处理,在内容上构成了一个逻辑体系。主题标引是指对文献内容作主题分析,以主题词作标识。文献分类与主题标引的共同点在于揭示文献的知识内容。其区别则是前者间接用代号反映,后者直接用语言专指。因而,在英美各国的编目工作中把它们统称为"文献知识内容的描述"(Subject description 或 Subject cataloguing)。目录组织就是把款目依据一定的规则和方法,有序地排列起来组成一个有机整体,使其成为揭示和报导馆藏文献的检索工具。文献的技术加工包括加工书标、口袋卡、印制单元片等工作。

在编目工作中,我们姑且把文献著录作为第一步,那么文献分类与主题标引是第二步,文献的技术加工是第三步,目录组织是最后一步。目录组织必须以前面几个步骤为前提,因为只有通过这几项工作才能为目录组织提供依据,进而按照图书馆的性质、任务、服务对象以及不同要求组成各种目录,使其形成具有一定体系的检索工具——图书馆目录。总而言之,文献著录、文献分类、主题标引、文献的技术加工以及目录组织这几项工作是相辅相成的,所有这些工作质量的优劣直接影响目录的质量。本教材仅涉及文献著录和目录组织两部分。

二、编目工作的作用

1. 编目工作是图书馆的基础工作

正如中文文献编目是图书馆的基础工作一样,西文文献编目工作也是图书馆的一项基础工作。解放以来,我国各类型图书馆贯彻"洋为中用"的方针,结合各图书馆的具体任务,收集和采购了许多西文文献,尤其是科技图书情报部门西文文献的藏书比重较大。要想将浩如烟海的馆藏文献准确而迅速地提供读者使用,必须科学地对文献进行整理、组织、揭示和报导。因而,图书馆要编制和利用各种目录向读者揭示馆藏,为读者提供多种检索文献的途径,借以提高文献检索的查全率和查准率。所有这些,都有赖于图书馆的编目工作作为基础去完成。

2. 文献采集工作对编目知识的要求

图书馆采访人员在采集文献的工作中,不仅要编制文献采访业务目录,而且要使用各出版发行机构编制的各种载体的文献目录,尤其是要查阅本馆的目录,以便掌握各类文献的入藏情况,确定采购重点,拟定采购计划,补充缺漏文献,避免购入不必要的复本。这一切都要求图书馆编目部门为采访人员提供本馆已藏文献总目录及其书目知识的细节,例如:某套丛书的入藏情况等。

3. 编目工作是文献检索和参考咨询工作的保证

图书馆目录是编目工作的成果。它可以从著者、题名等各个不同的角度揭示文献内容或物质外形特征。文献是著录的对象，读者是目录的使用者。读者可以利用图书馆目录了解馆藏情况，查阅自己所需的文献，加快检索文献的速度。图书馆员也可以利用图书馆目录对读者进行阅读辅导，解答读者的咨询问题，提高服务质量。

目前，文献编目工作正朝着标准化、自动化、网络化的方向发展，以便在全世界范围内实现一种文献一次编目的理想。文献编目工作现代化将在文献资源共享方面发挥其更重要的作用。

三、文献编目工作与图书馆各项业务工作的关系

图书馆业务工作内容广泛，项目繁多，它们之间互相联结成一个有机的整体。根据文献工作的基本流程将图书馆业务工作分为四类，即文献采集工作、文献编目工作、文献典藏工作以及面对读者的文献流通工作。文献采集工作、文献编目工作、文献典藏工作是直接以文献为对象的工作，简称为图书馆技术服务工作；而文献流通工作则是以读者为对象的工作，简称为图书馆公共服务工作。无论是技术服务工作还是公共服务工作，图书馆各项工作之间都是互相依存、相互为用的。各项工作之间的联系像一条链子，它们是一环紧扣一环，任何一个环节有失误或缺点，都会影响其它的环节。即以编目工作为中心而论，图书馆编出的目录如果质量差，标目不准确，便会影响文献采集部门的查重准确率，也影响参考咨询部门和典阅部门对该书的利用；至于其它事项或说明文字、标识符号的错漏，也必然导致计算机输入的错漏，同样会造成整个目录的错漏。若据此印刷出来的书本目录，必将是错误百出，杂乱无章，不成体统的，怎能称之为目录！

第二节　编目原则

世界上一有图书馆就有图书馆目录。所以编目工作应视为图书馆最古老的技术。在西方，早期的图书馆目录仅仅是一种财产目录。经过漫长的岁月，才逐渐演变为今天的检索文献的工具。可是在这漫长的岁月里，人们在长期的编目实践中，根据自己制订的规则从事编目工作，虽然这些编目规则也蕴涵着编目工作的原则原理，但认真把这些原则总结出来，使之明朗化和系统化，则是近代的事。近代的理论家和实践工作者，通过继承前人的意向和经验，以及自身的不断探求，开始对此有所建树。但编目原则的正式提出和确立，应认为是 1961 年巴黎国际编目原则会议所创始。编目实践是编目原则产生的基础，编目原则又为编目实践提供了科学的编目理论。只有在编目理论的指导下，方能提高编目工作的质量。

下面分别就几条编目原则作简短的阐述：

1. 文献著录的准确性

图书馆目录是揭示和报导馆藏文献的检索工具。它通过对每一种文献的标引、著录，而获得每种文献的内容和物质外形特征的记载。借助这些特征来确认特定的文献、了解文献、分析比较文献，特别是在信息量激增的时代，"文献爆炸"使得文献检索越来越趋复杂。为了充分地揭示文献、方便检索，就必须全面、详尽、准确地著录文献。这就意味着编目工作者著录文献时，必须依据文献的主要信息源，如实地揭示文献的物质外形特征和内容。在题名与责任说明项内不作责任者名称统一工作，以避免因著录规则不同而产生的差异，这些差异常常会导致读者对文献的误解。因而，全面地、准确地著录文献有助于集中同一著作的不同版本或译本;有助于读者识别文献、选择文献;有助于图书馆目录揭示文献;更有助于计算机输入和检索文献。

2. 文献著录的一致性

文献著录的一致性,是指款目在著录格式上真正达到技术上的规范化,使文献著录成果成为一种国际通用的交换语言。国际图书馆协会联合会(International Federation of Library Associations and Institutions,简称 IFLA,以下简称国际图联)对此十分重视。早在 1967 年美国编目专家戈尔曼(Michael Gorman)曾以国际图联的名义,对八个国家的国家书目进行调研,在此基础上写出了一篇题为"国家书目款目中书目数据:关于描述性编目报告"(Bibliographical data innational bibliography entries:a report on descriptive cataloging)的文章,他发现各国国家书目中的文献著录存在差异,只要同一文献的著录存在差异,那么著录的结果往往不一致,必然出现文献著录的混乱现象。要想真正地达到文献著录的一致性,这就要求文献著录的标准化。

统一的著录格式是文献著录标准化的基础,是使目录全面、准确、迅速地反映馆藏各类型文献的首要条件。著录格式标准化的主要内容包括:著录项目的确定、著录项目的顺序以及识别各个著录项目的统一的符号体系。换言之,每条基本著录款目必须由相同的基本著录项目组成,这些著录项目必须有序地组织起来,并使用统一的标识符号。文献著录标准化是实现文献著录一致性的保证,是文献著录国际化、自动化和网络化的基础。它既便于各馆间的文献交流,又有利于国际间文献著录的互换。

3. 著录标目的统一性

著录标目是款目的开端。它决定款目在目录中的位置,是编目工作者共同关心的一个问题。

著录标目的问题可以归结为"标目的选取"和"标目的著录形式"两个方面。标目的选取要遵循国际编目原则会议的"原则声明";而标目的著录形式则遵循著录标目的统一性原则。

著录标目是读者检索文献的关键,标目的选取必须对准读者查找文献的口径。由于文献出版情况复杂,个人著者的姓名、机关团体的名称乃至文献题名都会有多种变化,多种形式。究竟以何为主是矛盾的一方面。另一方而,一种文献的责任者名称或题名即使发生过多种变化,仍要求它在目录中有一个相当固定的位置。这就要求著录标目前后一致,体现著录标目的统一性。只有这样,才能使同一著者的不同著作,同一著作的不同版本及译本都能够在同一著录标目下集中起来。

4. 文献编目的实用性

著录标目的统一性以及文献著录的准确性和一致性,均是编目工作科学性的具体表现。在西文文献编目工作中贯彻"洋为中用"的方针,则是文献编目实用性的具体体现。英美编目条例的精华是选取标目的总原则,即依据"著者原则"(Author's principle)选取标目,而不是依据文献类型。这是集中同一著者的全部著作的措施,也适合我国图书馆的一贯做法,可以为我所用。但这并不意味着英美编目条例所有的规则都符合我国图书馆使用。例如:在中国人名与地名的著录上,我国标准局颁布了有关国家标准,要求中国人名与地名采用汉语拼音形式,放弃了过去采用的韦氏拼音法。因而,我国西文文献编目工作要符合本国国情,要符合我国读者检索文献的习惯,也就需要有所取舍了。

第三节　西文文献编目工作的发展趋向

关于本节的一些内容,请参阅李纪有等同志编写的《图书馆目录》一书中的第二章第四节"国外图书馆目录的发展"。本节试图从纵向方面,对西方图书馆编目工作的演变过程和发展趋向,作一概括性的阐述。为了避免重复交叉，有些具体内容不再赘述。

总的来说，西文文献编目工作具有悠久的历史。至 19 世纪中叶，近代西文文献编目实践已渐趋完善。在这一时期，有对西方图书馆事业的发展发挥了重大作用的公共图书馆，有影响深远的一些编目条例。到 20 世纪，西文文献编目工作也随着科学技术和图书馆事业的发展而发展。它已由个体编目发展到集中编目、合作编目、在版编目，直至共享编目。尤其是在二次大战后，计算机得到广泛的应用，西文文献编目工作发生了质和量的巨大变化。编目手段已初步由手工编目发展到自动化编目，由联机批量处理发展到网络化的联机编目。西文文献编目工作从传统的手工方式转变为现代的自动化方式，仅仅用了约 30 年的时间，比起过去几百年依传统方式方法极端缓慢地发展，真不可同日而语。在这飞速的变化中，起先导作用的，应推美国图书馆界，尤其是美国国会图书馆（Library of Congress，简称 LC。以下简称美国国会馆）。美国国会馆自 1901 年起，根据自己入藏的图书，编印目录卡片，发行全美及世界各地。为其国内及世界上许多图书馆有选择地订购使用，被人们认为是集中编目的范例。1956 年，它又出版了《国家联合目录》（National Union Catalog，简称 NUC）。这是由美国国内许多图书馆提供目录卡片编纂而成为全美图书馆现期出版物联合目录，是合作编目的例证。60 年代中期，它根据"全国图书采购与编目规划"（National Program for Acquisition and Cataloging，简称 NPAC）的规定，在与有关国家协作的基础上，充分利用各国国家书目选购文献，进行编目，并迅速传递编目数据，从而促进国际编目工作的大协作，人们称之为共享编目。而更高阶段的编目实践，则是 1966 年美国国会馆成功地试制出 MARCI。1968 年在此基础上研制出 MARC Ⅱ。它不但可资应用，而且很快就向国内国际推广使用。人们称它为 LC－MARC。LC－MARC 的特点是：（1）收录范围广。它不仅包括拉丁语系的文献，而且包括一些非拉丁语系的文献;不仅收录已出版的文献记录,而且收录在版编目记录。(2)文献类型多。它不仅包括图书,还包括连续出版物、地图、非书资料等。

LC – MARC 的公开发行,促使计算机编目技术由一馆发展至多馆。同时也大大促进了世界各国文献著录自动化的发展,有不少国家纷纷进行 MARC 的研究、规划、试验,发展本国的机读目录服务。英国研制了 UK – MARC;我国台湾研制了中文 MARC;国际图联世界书目控制处还出版了 UNIMARC。MARC 的实验成功为实现计算机编目网络化创造了条件。美国有好些著名的计算机网络,如:联机图书馆中心(Online Computer Library Center, Inc., 原名为 OhioCollege Library Center,简称 OCLC)、华盛顿图书馆网络(Washington Library Network,简称 WLN)以及研究图书馆情报网络(Research Libraries Information Network,简称 RLIN)等。除此而外,加拿大、瑞典等国也有自己的联机编目网络。计算机编目在我国尚处创始阶段。北京图书馆、中国科学院图书馆以及北京大学、清华大学、人民大学等图书馆,从 80 年代初期就开始了 MARC 的研究。值得一提的是,北京图书馆从研究国外机读目录的利用、检索服务入手,参照国际标准,制定了符合我国实际情况的技术规范《中国机读目录通讯格式》,并于 1991 年向国内发行中文图书的 MARC 磁带。我们相信,随着我国现代化建设的不断发展,计算机编目网络必将在不久的将来在我国得以实现。

综上所述,图书馆编目工作正朝着文献著录标准化、编目工作协作化、编目技术自动化以及联机编目网络化的方向发展。

思考题

1. 西文文献编目工作的内容和原则。

2. 西文文献编目工作在图书馆中的作用和特点。

3. 编目工作与图书馆各项业务工作的关系。

4. 美国国会馆集中编目、合作编目以及共享编目的发展及其意义。

5. 编目工作的现状和发展趋向。

参考文献

1. 贺广明. 漫谈统一编目. 图书馆理论与实践, 1986(1):29-32

2. 李纪有, 余惠芳编著. 图书馆目录. 北京: 书目文献出版社, 1986:40-56

3. 宋继忠. 编目工作的发展趋势. 图书情报工作, 1985(6):15-18

4. 王作梅, 严一桥编著. 西文图书编目. 武汉: 武汉大学图书情报学院, 1985: 291-310

5. 吴赛瑗译. 图书馆编目工作新趋势. 图书馆研究工作, 1986(1):44-47

6. 夏云. 美国编目网络的现状和发展趋势. 国外图书情报工作, 1983(2):75-85

7. 周文斌. 北图开始发行计算机可读目录. 光明日报, 1991.2.22(2)

8. Hunter, E. J., Bakewell, K. G. B. Cataloguing. 2nd, rev. and expanded ed. London: Clive Bingley, 1983: 141—198

第二章　西文文献著录条例发展概况

世界上都是在大量的图书问世后,才重视目录的编制,从而产生编制目录的编目条例(或称编目规则)。在西欧,分类目录(Classed catalogue,后改称 Classified catalogue)是近代各类型图书馆目录中发轫最早,历史最悠久的一种目录。

美国有许多图书馆在改用字典式目录(Dictionary catalog)之前,一直使用分类目录。图书馆目录的形式在历史长河中也不断发生变化。书本目录(Book catalog)是最古老的目录形式,至今仍有些图书馆编制书本目录。此后又出现了卡片目录(Card catalog)、缩微目录(Microform catalog)等等。据怀纳(Bohdan S. Wynar)的《分类编目导论》一书介绍,从 20 世纪 50 年代开始,国外在利用计算机的基础上,产生了一种新型的书本目录。例如,1966 年出版的《国家医学图书馆最新目录》(The Catalog of the National Library of Medicine)。LC – MARC 出现于 60 年代末,现在已发展成为计算机联机目录(Online computer catalog),这是一种正在发展的目录形式。

在中世纪,西方图书大多数收藏在寺院或教堂。后来,寺院藏书逐渐变为学院藏书或私人藏书,并且向人们提供目录。那时的款目一般都很简单。在当时,目录的主要作用是为藏书编制财产登记帐,而不是作为检索文献的工具。到 16 世纪才出现了使编目方法系统化、科学化意向的编目规则。1595 年伦敦书商孟赛尔

（Andrew Maunsell）的编目规则，采用了个人著作以著者姓氏为标目;佚名著作取书名或主题，或是书名、主题并用作标目;译著取原著者、译者和主题为标目的作法。美国编目权威柳别茨基（S. Lubetzky）则认为编目既要有规则，又要有原则。由于缺乏编目理论的原则指导，最初出现的一些编目条例反映出任意性，有的规则甚至自相矛盾。因而导致编目工作中的许多问题。

19 世纪中叶以来，随着资本主义商品经济的发展，科学文化事业也相应地出现一度繁荣的局面，许多分散的藏书集中起来。此时，各种各样的编目条例也随之诞生。如:1876 年卡特的《字典式目录编目规则》,1908 年出版的《著者、书名款目编目规则》。这一时期西欧国家产生的编目条例，大多数是由有经验的编目实践者逐条总结、汇集，使之成为编目条例。经过反复修订，最后成为统治欧美编目实践几十年甚至上百年的传统条例。但其编目原则不够明确、具体，在实践应用上还存在着不少问题。因而,1961 年巴黎"国际编目原则会议"所提出的指导性的编目原则，对此后编制的西文文献编目条例产生了较大的影响。本章所着重介绍的《英美编目条例》、《西文文献著录条例》以及"国际标准书目著录"都是在它的影响下产生的。下面就它们的历史沿革和使用中的问题作一概述。

第一节 《英美编目条例》概述

一、《英美编目条例》产生的历史沿革

1901 年在美国国会馆公开发行铅印卡片时，杜威（Melvil Dewey）也注意到英、美两大有影响的英语国家，不仅没有一部统一的编目条例，而且当时各国已有的编目条例也存在较大的差异,

款目的著录内容不一致，难以组织目录。这一切使美国国会馆难与各馆的目录吻合。在杜威的提议下，美国图书馆协会（American Library Association，简称 ALA，以下简称美国图协）和英国图书馆协会（The Library Associ‐ation，以下简称英国图协）为了统一英语国家的编目条例，他们求同存异，于 1908 年合作编成一部统一的编目条例——《著者、书名款目编目规则》。

1.《著者、书名款目编目规则》（Catalogue Rules：Author and Title Entries）简称 AA，俗称 AA 条例。1908 年初版。它是《英美编目条例》的原始版本，出版至今已有八十余年。

1908 年的 AA 条例继承和总结了潘尼兹（Anthony Paniz‐zi）的英国博物院图书馆条例而奠定的，并由美国图书馆学家卡特（Charles Amne Cutter）发展了的图书著录规则。

早在 1841 年，潘尼兹确定了几条对以后编目条例的发展很有影响的编目原则：第一、强调书名页是著录图书的依据。第二、主要款目广泛地使用形式标目（Form heading）。例如：科学院，大学以及学术团体出版物一律取"ACADE‐MIES"作标目，州名或国名作副标目。又如，学术会议录取"CONGRESSES"作标目；期刊则以"PERIODICAL PUB‐LICATIONS"作标目，出版地作副标目等等。第三、明确了机关团体的概念，并确认了机关团体款目的编制原则。

1876 年卡特在《字典式目录编目规则》（Rules for a Dic‐tionary Catalog）中明确地提出了目录的作用。认为编制图书馆目录要有利于读者利用图书馆，目录应起到从著者、书名、主题揭示馆藏的作用，便于读者从这三个途径查阅图书，并帮助读者选择特定版本或具有某种特征的图书。

潘尼兹确立的编目原则与卡特提出的目录作用，为 AA 条例的制定和发展奠定了基础。AA 条例的特点是：第一次明确了著者原则，即选取著者为主要款目标目的原则。它是《美国图书馆协会著者、书名款目编目规则》乃至《英美编目条例》沿用的一条主要原则。但著者原则也存在着不足之处：(1)内容陈旧繁琐。例如：对于不知真名的匿名著者，也要求用真名作标目。又如，对于多个出版地、多个出版者，要求完全照录。出版者一律著录其全称，就连"and sons"、"company"、"inc."、"ltd."这类字样均一一照录。(2)英、美两国的图书馆协会在个别编目规则的协调上，如：皇室、贵族、名称的变化、已婚妇女、多种拼写形式的佚名著作的首词、佚名著作的译本以及改名期刊的著录等方面均未达成协议。

尽管如此，它的目的是为了满足大型图书馆的编目需要。它的意义在于为统一全球英语国家的编目规则跨出了可喜的一步，从而扩大了英美编目体系在国际上的影响。对于这一点是不容否认的。

2.《美国图书馆协会著者、书名款目编目规则》(A. L. A. Cataloging Rules for Author and Title Entries)简称 ALA 条例。这是第二次世界大战后，美国 1908 年条例的修订版。ALA 条例由美国图协分类编目部(Division of Cataloging andClassification of the American Library Association)提出，由比特尔(Clara Beetle)编。1941 年初版。1949 年第 2 版。

该条例由"主要款目与标目"及"图书著录"两部分组成。1946 年 9 月编者开始修订"主要款目与标目"部分。1949 年 ALA 条例第 2 版问世。其内容为"主要款目的选择"，"个人著者"、"机关团体著者"、"地理名称标目"、"附加款目与参照"五部分，书末附 4 种附录。其特点在于重新组织了编目规则，尽量使这些规则条理化；力求简洁明了，避免重复；增设交替使用的规则。该条例与美国国会馆著录部(Descrip - tive Cataloguing Division, Library of Congress)所编制的《美国国会图书馆著录条例》(Rules for Descriptive Cataloguingin the Library of Congress)是姐妹篇。前者着重规定款目标目的选取原则及其著录形式，后者主要对款目著录项目作详细的规定。两者构成一套完整的 1949 年 ALA 条例。ALA 条例曾在美国及其他国家较为广泛应用。我国西文普通图书的著录受它的影响很大,是我国西文图书卡片联合编辑组所编辑的《西文普通图书著录条例》的主要参考资料。

3.《英美编目条例》(Anglo – American Cataloguing Rules)简称 AACR1,1967 年出版。该条例由美国图协、美国国会馆、英国图协、加拿大图协提出,斯保尔丁(C. SumnerSpalding)主编。由于英美双方对部分规则意见分歧,因而 AACR1 有两种不同的版本,即"英国版"(British text)和"北美版"(North – American text)。AACR1 共分三部分。第一部分"款目和标目";第二部分"著录";第三部分"非书资料的处理"。全书共 15 章,书末附编目条例的补充说明和 6 种附录。1971 年"国际标准书目著录"问世后,为了适应编目的检索网络化需要,实现图书著录的标准化,北美版的 AACR1 的第六章和第十二章分别于 1974 年与 1975 年重新修订出版。第十二章的章节名称改为"视听资料与特种资料"。

AACR1 的主要特点是以 1961 年国际编目原则会议的"原则声明"作为制定条例的理论依据。标目选取原则着重于根据著者对出版物内容所承担的责任。该条例与 1949 年的 ALA 条例相比,主要区别在于:(1)明确说明该条例适用于多款目、多语文所组成的目录,也适用于各种载体的文献。(2)主要适应专业图书馆、研究图书馆和大型图书馆的需要。但 AACR1 没有付诸实际应用。

1978 年,美国图协、加拿大图协以及英国图协出版社分别在芝加哥、渥太华、伦敦出版了《英美编目条例》第 2 版(Anglo – American Cataloguing Rules. 2nd ed. ,简称 AACR2)。AACR2 是以上述三个著录条例为基础,沿着这一主线发展下来的。

二、AACR2 编制原则与结构分析

AACR2 由美国图协、不列颠图书馆、加拿大编目委员会、英国图协以及美国国会馆提出,由戈尔曼(Michael Gorman)与温克勒(Paul W. Winkler)负责编辑。

AACR2 是根据国际标准书目著录的发展,在国际共识的编目理论的指导下产生的一部编目条例。该条例的编制原则体现在下列几个方面:

1. 贯彻文献著录标准化的原则

在高科技的时代里,文献著录标准化是时代的需要。由于世界上高科技以空前速度发展,图书情报资源被认为是世界的第二资源。它需要以相应的速度进行传递与交流,以达到国际上的图书情报资源共享,以促进高科技进一步飞跃发展。为了达到这一目的,在不同语种不同国度之间的文献必须用同一标准进行记录与揭示,文献著录的标准化的要求愈来愈趋紧迫。自70年代中后期起,国际上的有关机构,如联合国教科文组织(United Nations Educational, Scientific, andCultural Organization,简称 Unesco 或 U. N. E. S. C. O.)、国际图联以及国际标准化组织(International Organization forStandardization,简称 ISO)等进行了许多工作,并规定了文献的著录项目的设置及顺序,以及能识别这些项目的各种标识符号的特定用途等。在对 AACRI 进行修订时,AACR2 积极采用了国际标准书目著录(International Standard Biblio graphic Description,简称 ISBD)的格式,使两者有机地结合,从而奠定了文献著录标准化原则得以体现的基础,并使国际上文献著录标准化成为可能,解决了若干年悬而未决的问题。这是 AACR2 的一大特色。

2. 实现不同类型文献统一著录的原则

文献的统一著录原则,意在使不同类型的文献在著录上,不但

达到主要款目内的项目设置、顺序及识别项目的标识符号在格式上的统一,而且是实现著录标准化的重要措施。AACR2 一方面积极采用这一措施来达到款目著录格式的统一;另一方面在检索点的选择上,规定了许多涉及标目选取以及统一标目名称和形式的规则,使不同类型文献的统一著录有了明确的依据。这就区别于以往的编目条例只注重不同类型文献之间的差异,而忽略了它们之间的共同点,致使著录结果各行其是,统一不起来。所以,文献的统一著录原则不能不认为是 AACR2 的另一特点。

3. 贯彻著者原则

AACR2 承袭了西方传统的编目条例所沿用的"著者原则"。主要以个人著者为主要款目标目,并将"个人著者"界定为:个人著者是指"对一部著作的知识内容或艺术内容负主要责任的个人"。对比 1949 年 ALA 条例所规定的"文献的收集者与编者均可视为著者"的提法,AACR2 的个人著者概念的外延缩小了。因为它认为编者、编纂者等不是文献知识内容的创造者,他们不对其内容负责,不应视为"著者"。根据这一原则,对编辑、编纂的书,一律采用书名作主要款目标目,由此加强了书名标目在目录中的地位。同时也就更强调和突出了个人著者的地位。

4. 实现统一标目的原则

标目的作用在于决定一个著者或一本书在目录中的确定位置。为了便于目录的查检,查检者不致漏检或需多处查找,有必要让用作标目的多姓名的个人著者以及多名称的机关团体在姓名或名称上统一起来,以实现他(它)们自身的唯一性。因为个人著者姓名的表现形式多种多样,有真名、假名、曾用名、现用名、笔名等等;机关团体名称则有全称、简称、新名、旧名等等。为了集中同一著者的不同著作,必须统一标目,但如何统一也是个问题。1949年的 ALA 条例规定"用本国语言文字著录个人著者的全名"。1961 年巴黎会议在"原则声明"中明确规定"个人著者的统一标目应该是著者在著作中习见的全名"。而 AACR1 则主张用一个大家普遍能够识别的姓名形式,不一定严格地用人名的全称。AAC－R2 在个人著者的全名与简名,机关团体名称的全称与简称的问题上,采用 AACR1 的观点作为统一标目的原则,并明确提出:多姓名著者取人们最熟知的名称,即惯用名称(Predominant name)作标目。这个名称可能是著者的真名,也可能是笔名;可能是全名,也可能是简名或符号等等。机关团体名称的统一标目方法与此相类似。我们认为 AACR2 的做法是符合读者的检索习惯的。

AACR2 全书共分 19 章,由两部分组成。第 1 部分为"著录",共 13 章。依据国际标准书目著录的各分则,规定了各类型文献的著录项目、著录项目的顺序、标识符号的使用以及著录方法等等。除此而外,此部分采用总分的方法编排各章。开篇为"著录总则",规定了著录所用文字、著录项目、著录级次等。第一章至第十章论述各类型文献的著录,每一章的编辑体例和结构与"著录总则"部分遥相呼应,从中突出了各类型文献的具体特征。第 2 部分为"标目、统一题名与参照",共 6 章。这一部分对检索点的选取、个人著者或机关团体标目、地理名称、统一题名和参照的著录分别作了明确规定。书末附 4 种附录。

该条例的主要特点是:(1)在著录文献方面积极采用国际标准书目著录和有关的国际协议。在检索点选取方面继承了 AACR1 选取标目的基本原则,即根据著者对文献的知识内容或艺术内容所承担的责任,而不单凭文献类型选择标目。(2)改变了传统著录文献的程序,即先描述文献的外部特征,再选取检索点。(3)根据款目中著录项目的详简程度规定了三个著录级次——简要著录、基本著录、详细著录。这一规定有利于各馆根据自己的具体情况选择著录级次,这是以往编目条例所没有的。(4)重视非书资料的著录。以往条例只注重图书的著录,AACR1 开始重视非书资料的著录,唯独 AACR2 全面考虑了非书资料的处理。它不仅大量增补非书资料与舆图资料的著录规则,而且统一处理图书馆收藏的各类型文献,为文献著录统一化、标准化奠定了基础。

AACR2 是 20 世纪 80 年代有影响的一部文献著录规则。从 1978 年 AACR2 问世一直到 1988 年的十年中,有许多国家的图书馆采用了 AACR2,加速了英、美编目网络化和编目工作分享的进程。与此同时,全世界已有不少国家逐渐接受了 AACR2。现在,它已被译为阿拉伯文、丹麦文、芬兰文、意大利文、日文、挪威文、葡萄牙文、西班牙文、瑞典文、土耳其文和乌尔都文。我国虽然没有出版 AACR2 的中译本,但是中国图书馆学会本着"基本采用、个别改动"AACR2 的精神,主持制定了《西文文献著录条例》。

当然,编目条例不是一成不变的。它要随着科学技术的发展而发展,要适应文献载体形式变化的需要。AACR2 出版后,虽已译成各种文字,并被不少图书馆所采用,但人们发现它还存在着一些问题。第一,AACR2 不适应近年来科学技术的飞速发展,尤其是计算机文档已成为许多图书馆馆藏的一个组成部分。为了适应这一新情况,它需要增加一些新规则与实例。第二,AACR2 中存在字句含糊不清的规则,编目员难以准确理解。第三,它存在着一些显而易见的印刷错误与遗漏。鉴于此,由美国图协等原来的五大参与编制的机构加上澳大利亚编目委员会一起,组成了《英美编目条例》联合筹划指导委员会,决定修订 AACR2。他们花费了大量的人力、物力、财力投入 AACR2 的修订工作。1988 年出版了《英美编目条例》第 2 版修订本(Anglo – American Cataloguing Rules. 2nd ed. ,1988 revision)。

《英美编目条例》第 2 版修订本是在《英美编目条例》修订本联合筹划指导委员会的指导下提出的,仍由戈尔曼和温克勒主编。该条例是在 AACR2 的基础上修订而成的。其基本结构与 AACR2 保持一致,共 19 章,仍由两部分组成。该条例的主要特点为:

(1)未改变 AACR2 的一些基本概念。它继承了 AACR2 根据著者对文献的知识内容所承担的责任,而不单凭文献类型选择标目的原则;采用了 ISBD 和有关的国际协议;汇总了 AACR2 1982 年、1983 年、1985 年和 1988 年四次修订的条文。

(2)考虑了科学技术发展的新形势,为了适应这一新情况,它根据坦普尔顿(Ray Templeton)和威顿(Anita Wintten)合著的《计算机软件编目研究:AACR2 在微机程序中的应用》,以及美国图协分类编目部编目委员会编纂的《微机软件应用:AACR2 第九章编目的准则》这两部书的内容,改写了 AACR2 第九章的全部内容,并增加了许多实例。

(3)为了使规则通俗易懂,编者不仅修改了一些词语,也修订了一些已为实践证明是不妥的规则。

第二节　国际标准书目著录简介

一、国际标准书目著录概述

国际标准书目著录(International Standard Bibliographic Description,简称 ISBD)是国际图联根据 1969 年国际编目专家会议(International Cataloging Experts Meeting)的建议而制定的。它是一套供各类型文献书目著录使用的国际标准。

到目前为止,正式出版的 ISBD 新文本主要有以下几种:

《国际标准书目著录(总则)》(General International Standard Bibliographic Description),简称 ISBD(G) 1977 年

《国际标准书目著录(专著)》(International Standard Bibliographic Description for Monographic Publications 亦可译作"单行本"),简称 ISBD(M) 第 2 版 1988 年

《国际标准书目著录(连续出版物)》 (International Standard

Bibliographic Description for Serials)，简称 ISBD(S)第 2 版 1988 年

《国 际 标 准 书 目 著 录（舆 图 资 料）》（International StandardBibliographic Description for Cartographic Materials)，简称 ISBD(CM) 第 2 版 1988 年

《国 际 标 准 书 目 著 录（非 书 资 料）》（International StandardBibliographic Description for Non‒Book Materials)，简称 ISBD(NBM) 第 2 版 1988 年

《国际标准书目著录（乐谱）》（International Standard Bib‒liographic Description for Printed Music)，简称 ISBD(PM)1980 年

《国际标准书目著录（古籍）》（International Standard Bibli‒ographic Description for Antiquarian Materials)，简 称 ISBD（A）1977 年

《国 际 标 准 书 目 著 录（分 析 著 录）》（International StandardBibliographic Description for Component Parts)，简称 ISBD（CP）1982 年

　　这一系列国际标准是使编目工作程序实现国际标准化，特别是为达到文献著录一致性的需要而产生的。它的起源同样可以追溯到 1961 年国际编目原则会议。该会议就字顺目录中标目和著录用词的选择和形式达成了协议。然而，它只限于解决标目选取与著录用词问题。对于大会主席弗朗西斯（Frank Francis）所提出的要使编目著录为全世界所了解和接受，并在图书馆目录和书目中共同使用，以便在国际上“一次完成编目工作”的问题，并没有引起与会者的重视。

　　国际编目原则会议后，图书馆工作人员在实践中，对书目著录标准化潜在的好处越来越感兴趣。其原因有二：一是 1966 年美国国会馆在开始实行共享编目计划（Shared cataloguing program）的过程中，遇到了各种各样问题，尤其是各国国家书目著录内容不一致的问题。二是随着计算机在图书馆编目工作中的应用，特别是

美国国会馆研制机读目录磁带而设计的款式计划正在发展之中，书目著录标准化将有助于将目读目录转换成机读目录的形式。人们在编目实践中逐步地认识到要想实现"资源共享"，要想将目读目录向机读目录转换，要想实现馆与馆、国与国之间的联机检索，各国书目著录就必须走国际标准化的道路。

1969年在丹麦首都哥本哈根召开了国际编目专家会议。这次会议与国际编目原则会议有所不同。会议充满着实现国际标准化的气氛，与会者克服了过去那种对本国编目传统恋恋不舍的情绪，不惜抛弃本国的编目传统。总而言之，人们都抱着统一各国目录款目中著录内容的愿望，讨论了戈尔曼所提交的研究报告，并一致认为应当统一各国目录款目中的著录内容，固定著录项目的顺序，建立一种国际信息交换体系；使书目著录既满足目录的需要，也满足书目的需要；ISBD的原则不应与巴黎会议的原则重叠，而应是国际编目原则的补充。ISBD编制原则的理论渊源来自弗朗西斯的文献"资源共享"的思想。

经过将近两年的努力，ISBD(M)的推荐本于1971年问世。在1971－1975年期间，又相继制定了ISBD(S)、ISBD(NBM)、ISBD(CM)。在编制过程中，发现这三个分则的著录内容与ISBD(M)有不一致的地方。为了协调各分则，国际图联主持制定了ISBD(G)。此后，国际图联又陆续制定了ISBD(A)、ISBD(PM)以及ISBD(CP)，并出版了各分则的最新文本。

这套国际标准书目著录的主要特点是：(1)只限于解决文献著录问题，有关标目与著录用词问题排除在外。(2)在ISBD(G)指导下，各分则成为有机的整体。它们在著录项目的位置、著录项目的顺序以及标识符号的使用方面协调一致，既统一了各类型文献的书目著录，又各有特点。(3)出现了著录项目标识符号，使著录格式焕然一新，有利于不同文种书目记录的识别与交流。

二、ISBD 的著录项目与标识符号

ISBD 为了实现文献著录标准化的宏伟目标,在总则及各分则内,明确规定了著录项目、著录项目的顺序以及标识符号的使用。

ISBD(G)的具体内容如下:

题名与责任说明项

	1.1	正题名
[ ]	1.2	一般文献类型标识
=	1.3	并列题名
:	1.4	其他题名信息
	1.5	责任说明
/		第一责任说明
;		后续责任说明
. —	2.1	版本说明
=	2.2	并列版本说明
	2.3	与本版有关的责任说明
/		第一责任说明
;		后续责任说明
,	2.4	附加版本说明
	2.5	与附加版本有关的责任说明
/		第一责任说明
;		后续责任说明

文献(或出版物类型)细节项

出版、发行等项

	4.1	出版、发行地等
. —		第一个出版、发行地
;		后续出版、发行地
:	4.2	出版、发行者等

= 8.2 识别题名

: 8.3 获得方式及/或价格

( ) 8.4 限定语

ISBD 的作用在于：

1. 使各国的书目著录具有互换性，借以促进国际书目情报交流。ISBD 的互换原则就是要使各国的图书、情报部门所编制的文献记录能够互换，即在国际范围内，一种文献一次完成编目工作，并能与各图书、情报部门的图书馆目录兼容。这样做，既可以大大地避免全世界图书馆同时进行相同的活动中浪费人力、物力、财力的现象，又有助于国际书目情报交流。

2. 使各国的书目著录具有易于识别性。ISBD 的识别性原则是指由某一国家或某一种语言文字使用者编制的书目记录，便于其它国家和其它语言文字使用者识别。它不是一种真正的人工语言，不表示各种文字的语法功能。它仅仅是一种前置符，只表示各著录项目与著录单元的内容与位置。标识符号的出现大大加强了人们理解和识别各著录项目和著录单元的清晰度。但这套标识符号也不是万能的，它不适应从右往左，由上至下书写的文字，例如：波斯文、蒙文等。有时，它还与语法意义上运用的标点符号相混淆。尽管这套标识符号存在着这样那样的缺点，但它毕竟使编目工作者与目录使用者之间有了共同识别文献记录的语言，使各国的书目工作者之间克服了语言障碍。这有利于实现国际的合作编目与联机编目。

3. 便于将目读的书目著录转换成机读的形式。ISBD 的著录项目及其顺序是固定的，所冠的标识符号方便了书目数据输入计算机。这一作用表现为减少书目数据转换时的识别量，保证和提高输入数据的质量，在计算机自动识别输入时能简化识别程序。

第三节 我国西文文献著录条例发展概况

我国西文文献编目工作的发展历程大体上可以分为三个时期,即各自为政时期、统一编目时期以及文献著录标准化时期。

1. 各自为政时期

1958 年以前,我国西文普通图书著录处于各自为政的状态。有的图书馆依据《印刷本字典式目录编目规则》或《美国图书馆协会著者和书名款目编目规则》著录图书。有的图书馆则直接订购美国国会馆的铅印卡片。当然,也有些图书馆针对自身的具体情况与实际需要,拟定了"编目规则大纲",在著录方法上对有关的英美条例作了某些变通规定。如:将合著者和三个著者的姓名置于标目内,以便编制著者附加款目。这一时期的西文编目工作的特点是各自为政,缺乏全国统一的编目条例。

2. 统一编目时期

1958 年 8 月,在全国第一中心图书馆委员会领导下,建立了西文图书卡片联合编辑组(简称西文统编组)。西文统编组成立后,为北京地区各图书馆的进口西文图书编制主要款目,印刷卡片,随书送交图书馆。由于早期的西文统编组的成员来自不同类型的图书馆,西文图书的统一编目制卡工作一开始就出现了款目著录不一致的现象,不仅影响了该组内部工作的进行,而且给用户利用统编卡片带来了一些困难。为了统一我国西文普通图书著录条例,该统编组参考了 1949 年的《美国图书馆协会著者和书名款目编目规则》和《美国国会图书馆著录条例》。在此基础上,制定了《西文普通图书著录条例》。1961 年初版。全书共 9 章,书末附5 种附录。

该条例的特点在于只规定了西文普通图书主要款目的著录以

及主要款目的标目选取。既不涉及期刊、科技报告、非书资料等文献的著录,也不涉及附加款目与分析款目的著录。在附录中,对字顺目录的排检作了必要的规定。该条例为我国图书馆界所广泛使用,颇有影响。

3. 文献著录标准化时期

文献著录标准化是通向图书馆现代化的康庄大道。众所周知,美国早在 20 世纪 60 年代就开始研制机读目录(MARC),现在机读目录已经在图书、情报界发挥了作用,检索网络纷纷建立。我国图书馆界也不甘落后,在本世纪 80 年代初,有些图书馆开始了西文图书机读目录的研究工作。怎样才能实现机检呢? 国外首先解决文献著录标准化问题。自 1979 年以来,我国文献著录标准化工作发展较为迅速。我国成立了全国文献著录标准化技术委员会文献著录标准化第六分委员会(以下简称"全国文标会六分会"),在短暂的四年中,制定了三个中文文献著录的国家标准。为了进一步探讨西文图书著录的标准化问题,全国高等学校图书馆工作委员会(简称高图工委)与全国文标会六分会于 1983 年 8 月在北京召开了"西文图书编目标准化与自动化研讨会"。这是我国西文图书编目史上一次十分重要的会议,它促使我国西文文献的编目工作走上了文献著录标准化的道路,为我国早日实现西文文献机编与机检打下了基础。这次会议有三个特点:第一,与会者由三部分人组成,即西编工作人员、西编教员以及从事机检的人员。第二,与会者来自三大系统的图书馆,即公共图书馆、专业图书馆以及高等院校图书馆。第三,议题广泛。这次会议为制定《西文文献著录条例》奠定了思想基础,明确了指导方向。

1983 年 8 月,根据西文编目标准化和自动化研讨会的建议,成立了中国图书馆学会《西文文献著录条例》编辑组。1985 年该条例由中国图书馆学会出版,刘光伟、韩荣宇主编。它是根据 1961 年国际编目原则会议的"原则声明",本着积极采用 ISBD、

"基本采用,个别改动"AACR2 的精神,结合我国西编工作的实际需要而制定的。全书共 6 章 33 节。第一、第二章规定了各种载体文献的著录项目、各著录项目的顺序与著录方法以及标识符号的使用等;第三章至第五章对检索点的选取、标目名称以及统一题名的著录原则和著录形式分别作了明确规定。最后一章规定了参照片的编制原则与编制方法。书末附 9 种附录(即西编方面常用缩写字;地理名称缩写;月份名称缩写;各种文字缩写标记表;不予排列的首冠词表;8 种文字数词对照表;姓氏前缀表;各种文字的"and"字;常用符号表以及专业词汇表)。该条例试图满足当前手工记录的需要又照顾到编目自动化的发展,并为我国实现西文文献著录标准化,以达到文献资料共享的目的打下基础。

思考题

1. 美国著名图书馆学家卡特和编目权威柳别茨基对西文编目理论的贡献。

2. AACR2 的编制原则和主要特点。

3. 国际编目原则会议与国际编目专家会议的主要内容及其意义。

4. ISBD 的基本内容、作用和意义。

5. 比较《西文普通图书著录条例》与《西文文献著录条例》的主要特点。

参考文献

1. 全国第一中心图书馆委员会西文图书卡片联合编辑组. 1961 年国际编目原则会议论文选译. 北京:中国科学院图书馆,1982:8 – 16

2. 全国第一中心图书馆委员会西文图书卡片联合编辑组. 西文普通图书著录条例. 北京:中国科学院图书馆,1961.214

3. 维若娜. 国际图书馆协会联合会书目著录标准化工作的十年. 图书馆学情报学参考资料,1981(1):38 – 39

4. 阎立中.《英美编目条例》(第二版)概述. 图书情报工作,1983(6):6

5. 中国图书馆学会《西文文献著录条例》编辑组. 西文文献著录条例. 北京:

中国图书馆学会,1985. 278

6. American Library Association, et al. Anglo – American cataloguing rules. General editor, C. Sumner Spalding. NorthAmerican text. Chicago: ALA, 1967. 400

7. American Library Association, et al. Anglo – American cataloguing rules. Edited by Michael Gorman and Paul W. Winkler. 2nd ed. Chicago: ALA, 1978. 620

8. American Library Association. Division of Cataloging and Classification. A. L. A. cataloging rules for author and title entries. Edited by Clare Beetle. 2nd ed. Chicago: ALA,1949. 265

9. Bakewell, K. G. B. A manual of cataloguing practice. Oxford: Pergamon Pr. , 1972: 25 – 29

10. Hunter, E. J. Cataloguing. 2nd, rev. and expanded ed. London: Clive Bingley, 1983: 10

11. Joint Steering Committee for Revision of AACR. Anglo-American cataloguing rules. Edited by Michael Gorman and Paul Winkler. 2nd ed. , 1988 revision. Chicago: ALA,1988. 677

12. Library Association, et al. Cataloguing rules: author and title entries. Chicago: ALA Publication Board, 1908. 88

13. Library of Congress. Descriptive Cataloging Division. Rules for descriptive cataloging in the Library of Congress. Washington, D. C. : LC, 1949. 141

14. Wynar, B. S. Introduction to cataloging and classification. 6th ed. Littleton, Colorado: Libraries Unilimited, Inc. ,1980: 14

第三章　文献结构

　　文献是图书情报部门编目工作的对象。编目员在着手著录时,面对大量的文献,不可能有充足的时间阅读整本文献。为了将图书情报部门收集到的众多的文献,准确而又迅速地加工整理出来,供广大读者使用,编目员必须对文献的结构有个基本的了解,只有这样才能准确地反映文献和著录文献。下面分别介绍图书、期刊、地图以及非书资料的结构。

第一节　图　　书

　　图书(Book)是一种以印刷方式刊行的,不少于 49 页的,有正文或插图的非刊出版物。它将信息记载在轻便而耐久的材料上,便于携带。其主要目的是在人与人之间传递信息、传授知识、记录历史、交流沟通思想感情。它不受时间与空间的限制,行使着宣告、阐述、保存与传播知识的职能。从时间角度看,书上报道的资料一般比期刊晚,但在内容上则更为系统、全面。它通常是由著者对材料经过选择、核对、鉴别和融会贯通之后写成的。因而,内容比较成熟定型。图书在本世纪虽遇到传播知识和存储知识的新手段的挑战,但它仍然保持了文化上的优势,仍是图书情报部门收藏的主要对象。

一、图书结构浅析

一部西文普通图书通常由书衣、封皮(包括封面与封底)、书脊、书边、扉页、半书名页、附加书名页、书名页、版权页、献言词、序言或前言、绪论、正文、图表、附录、参考书目、索引这几部分组成。

书衣(Book jacket; Dust cover; Dust jacket; Dust wrapper; Jacket; Wrapper)

图书封皮外面包着一张纸质较优的书皮称为书衣。书衣上通常有正书名与责任者。书衣向内折叠的两侧有时载有著者生平简介或该书简短的内容评介等。因而,书衣起着保护图书,宣传图书的作用。

封皮(Cover)

封皮把图书的所有纸页包封在一起,起到保护图书的作用。各种图书封面设计各异,有的是素封面,有的是经修饰装潢的封面,有的封面上载有著者、书名以及版本,有的封面记载的信息更简略,甚至还有的封面未载任何信息。封皮除了有封面(Front cover)和封底(Back cover)外,还有两个重要部分——书脊和衬页。

书脊(Spine; Backs; Backbone; Shelf - back; Backstrip)

书脊是图书被装订的那一边。书脊上通常载有书名、著者以及出版者。图书馆一般用作贴印一书的索书号,便于排架和查找。

衬页(Endpaper)

衬页被粘贴在封皮上,使其牢固。衬页上可能有许多有用的资料。如:表格、地图等等。

文前栏目(Preliminaries)

文前栏目位于图书正文之前,包括扉页、半书名页、卷首插图、书名页、版权页、序言、目次等。

扉页(Fly - leaf)

扉页紧挨衬页,位于图书卷首和卷尾的空白页,起着保护图书的作用。

半书名页(Half title page)

半书名页位于书名页之前。它通常载有图书的简略书名,即简书名。

附加书名页(Added title page)

附加书名页是载有另一种语言文字的并列书名页,或者是载有整套丛书目次的一页。它位于书名页左侧或者背面。

书名页(Title page)

书名页是指文献开始的那一页。通常载有书名、责任说明、版本、出版事项等。早些时候,书名页背面未载任何信息,故称"书名叶"。现在,人们往往把此叶称为"书名页",它已成为众所周知的惯用名称。其原因在于书名页背面刊载了版权页或附加书名页。书名页反映了一书的基本特征,较为全面地提供图书著录信息,是著录图书的主要信息源。

版权页(Copyright page)

版权页往往出现在书名页背面。西文普通图书的版权页通常由版权说明、出版与印刷说明、版本说明、图书在版编目资料、国际标准书号等几部分组成。版权页提供一书出版情况,尤其是"图书在版编目"资料为分编图书提供必不可少的信息(参见本章图书实例部分)。

献言词(Dedication)

著者向某人表示敬意或谢意的简短语句。

序言、前言(Preface;Foreword)

序言与前言一般由著(编)者所撰写。著(编)者在序言中阐述图书编著或出版的过程,说明著者著书的意图和原因,指明读者对象,向对该书出版提供帮助者表示感谢,说明该书的编排体例,所用的符号和缩略语等有关事项。它有助于编目员分编图书。

目次(Contents)

目次是一书各章节及相应页码的一览表,有时很详细,可作为一书的大纲使用。

绪论、导论(Introduction)

绪论位于目次之后,它阐述了全书各章、节所涉及的主题范畴。导论可作为单独的一部分列于正文。

正文(Text)

正文由编了号的章节组成,构成著作的正文,即一书的主体部分。

图表(Illustration)

图表是与一书内容有关的插图。图表按其所处的位置可分为冠图、插图、附图。冠图位于书名页之前,并非所有的书都有冠图。传记著作常有冠图,通常是一幅被传者的肖像。冠图也常出现在艺术图书中,可能是一幅绘画或其他作品的复制品,或是一位艺术家的画像或照片。插图分别插入正文,科技书籍时常有插图。附图位于正文之后。

附录(Appendix)

附在正文之后,不属于图书正文但与正文有关,通常作为正文的补充部分列入。如:统计表、地名录、人名录等。

参考书目(Bibliography;References)

科学有继承性,研究成果绝大部分是前人工作的继续和发展。在图书中列出参考书目,反映了著(编)者严肃的科学态度和真实的科学依据,体现出尊重前人的成果。参考书目的作用在于说明引文的出处,便于出版部门核实。并为读者扩大查找文献的线索,可供读者进一步研读。图书中的参考书目通常位于书末,或分散在各章节之后,有时则以脚注的形式出现。

为了加强文后参考文献著录标准化,特别是使读者能借助文后参考文献所提供的线索,准确而迅速地检索到自己所需的文献,国际标准化组织第 46 技术委员会 1986 年制定了 ISO690《文献工作——文后参考文献——内容、形式与结构》国际标准。1987 年，全国文献工作标准化技术委员会第六分委员会提出了 GB7714 - 87《文后参考文献著录规则》国家标准。这一切都为统一参考文献的著录与引文标注打下良好的基础。

索引（Index）

索引是将书刊正文中论题的关键词或正文中提及的著者及书名摘记下来，每条下标注出处页码，按一定次序排列，供人查阅书中的内容。西文图书往往在书末附各种字顺索引。例如：著者索引（Author index）、书名索引（Title index）、主题索引（Subject index）等。

上述为西文图书结构的概貌，但并非所有西文图书都包括上述各个部分。

实例 1：单行本图书

封面：

Bohdan S. Wynar
Introduction to
CATALOGING
and
CLASSIFCATION
6th Edition
With the assistance of
Arlene Taylor Dowell
and
Jeanne Osborn

半书名页：

Introduction to
CATALOGING
and
CLASSIFCATION

书名页：

```
┌─────────────────────────────────────────────────────┐
│                                                       │
│              Bohdan S.Wynar        ←── (1)            │
│                                                       │
│              Introduction to      ⎫                   │
│                                   ⎪                   │
│              CATALOGING           ⎬  (2)              │
│              and                  ⎪                   │
│              CLASSIFCATION        ⎭                   │
│        ───────────────────────────────────           │
│              6th Edition           ←── (3)            │
│        ───────────────────────────────────           │
│                                                       │
│                                                       │
│            With the assistance of  ⎫                  │
│            Arlene Taylor Dowell     ⎪                 │
│            and                      ⎬  (4)            │
│            Jeanne Osborn            ⎭                  │
│                                                       │
│                1980                    ⎫              │
│        Libraries Unlimited,Inc.Liuleton.Colorado ⎭ (5)│
│        ───────────────────────────────────           │
└─────────────────────────────────────────────────────┘
```

注:(1)著者　(2)正书名　(3)版本　(4)合著者　(5)出版事项

34

例:版权页

```
        Copyright 1980,1976,1972,1971,1967,1966,1964
                      Bohdan S. Wynar                          ⎫
                     All Rights Reserved                       ⎬ (1)
                Printed in the United States of America        ⎭

No part of this publication may be reproduced,stored in a retrieval
system.or transmitted,in any form or by any means,electronic,
mechanical,photocopying,recording,or otherwise,without the prior
written permission of the publisher.


                    LIBRARIES  UNLIMITED.INC.                  ⎫
                         P.O.Box 263                           ⎬ (2)
                    Littleton,Colorado 80160                    ⎭



    ──────────────────────────────────────────────

    Library of Congress Cataloging In Publication Data          ⎫
    Wynar.Bohdan S                                              │
        Intoduction to cataloging and classification.          │
                                                                │
        Bibliography:p.641                                      ⎬ (3)
        Includes indexes.                                       │
            1.Cataloging. 2.Classfication−Books.                │
      Ⅰ.Dowell,Arlene Taylor,1941−   joint author.             │
      Ⅱ.Osborn,Jeanne,joint author. Ⅲ.Title.                   ⎭
    Z693.W94 1980   O25.3   80−16462
    ISBN 0−87287−220−3
    ISBN 0−87287−221−1(pbk.)


    Libraries Unlimited books are bound with Type 11 nonwoven material  ⎫
    that meets and exceeds National Association of State Textbook Admin-  ⎬ (4)
    istrators' Type 11 nonwoven material specifications Class A through E. ⎭
```

注:(1)版权说明 (2)出版事项 (3)美国国会馆图书在版编目资料 (4)装订说明

实例2:多卷书
封面:

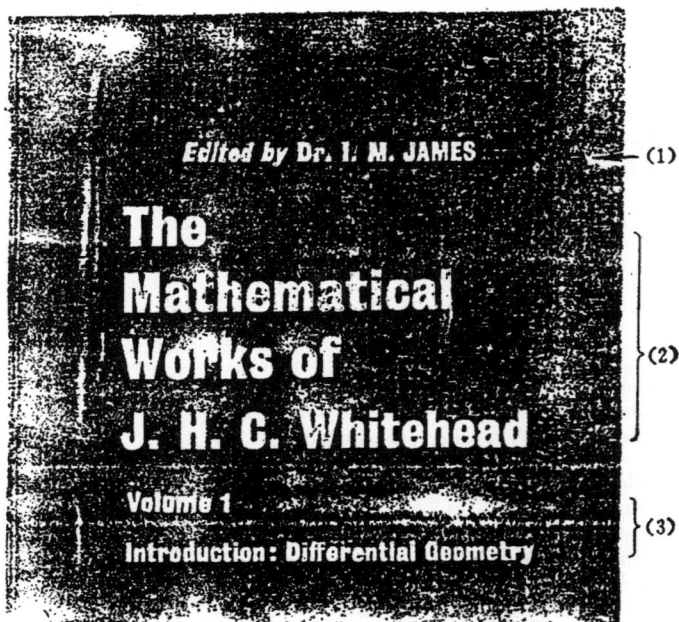

注:(1)多卷书的总编者(2)多卷书总书名(3)第一卷分卷书名书名页

书名页

THE
MATHEMATICAL WORKS OF
J.H.C.WHITEHEAD

} (1)

EDITED BY

I. M. JAMES

} (2)

VOLUME I

DIFFERENTIAI GFOMETRY

WITH A BIOGRAPHICAL NOTE BY

M. H. A. NEWMAN

AND

BARBARA WHITEHEAD

AND A MATHEMATICAL APPRECIATION BY

JOHN W. MILNOR

} (3)

PERGAMON PRESS

OXFORD · LONDON · NEW YORK · PARIS

1962

} (4)

注:(1)多卷书总书名　(2)多卷书的总编者　(3)第一卷分卷书名与附录情况　(4)出版事项

版权页：

```
                PERGAMON PRESS LTD.
              Headington Hill Hall,Oxford
            4 & 5 Fitzroy Square,London W.1

                PERGAMON PRESS INC.
            122 East 55th Street, New York 22.N.Y.        ⎫
                                                          ⎬ (1)
                PERGAMON PRESS S.A.R.L.                   ⎭
               24 Rue des Ecoles;Paris Y.

                PERGAMON PRESS G.m.b.H.
            Kaiserstrasse 75. Erankfurt am Main



                   This Compilation                      ⎫
                   Copyright ⓒ 1962                       ⎬ (2)
                   Pergamon Press Ltd.                    ⎭


   Library of Congress Catalogue Card No.62–11568  ◄─────── (3)






                   Printed in Hungary        ◄─────── (4)
```

注:(1)出版说明　(2)版权说明　(3)美国国会馆卡片流水号　(4)印刷说明

上述两个实例表明,在书名页与版权页上通常载有责任说明、书名、出版印刷说明、版本说明、国际标准书号以及图书在版编目资料等。

责任者(个人著者或机关团体)包括著者、合著者、编者、编纂者、修订者、译者、改写者、节写者、插图者等。

38

书名包括正书名、交替书名、并列书名、副书名、丛书名、总书名、书脊书名、封面书名、逐页题名以及文首题名等。

版本说明主要包括版次。

国际标准书号由语言区代号、出版商代号、书序号以及电子计算机核对号四部分构成。

例：ISBN 0 – 87287 – 220 – 3

"0"为语言区代号，"87287"为出版社代号，"220"为书序号，"3"为电子计算机核对号。

二、图书在版编目概述

图书在版编目（Cataloging in publication，简称 CIP）是在图书出版的过程中，由一个集中编目机构，根据出版社在图书出版、发行前两个月左右所提供的有关资料和校样，对该书进行编目处理，然后再把有关书目著录资料交给出版社印在图书的版权页上，供图书馆、书商、书目工作人员以及读者使用。因而，称为"图书在版编目"。

图书在版编目首先出现在美国和澳大利亚。美国国会图书馆在 1958 年 6 月—1959 年 2 月期间，为了解决编目卡片与图书到馆时间不一致问题，进行了一项名为"书源编目"（Cataloging in source；简称 CIS）实验。在当时，150 多家出版机构将图书校样送到美国国会馆，由该馆进行编目处理，并将书目著录数据印在版权页上。美国国会馆总共试验了 1203 种出版物。当这项实验开始引起人们的注意并受到图书馆工作人员的普遍欢迎时，美国国会馆却在 1960 年宣布不再试验。其主要原因是经费存在问题。这项实验就是"图书在版编目"的前身。

本世纪 60 年代末，美国再次提出图书在版编目问题，图书馆界的要求也十分强烈。为此，又开始了实施图书在版编目的准备工作，并于 1970 年在美国图书馆协会第八十九届年会期间举行的资源和技术服务部门的两次会议上,决定将"书源编目"改称为"图书在版编目",并做进一步的调研。1971 年 7 月,美国国家人文科学基金会和图书馆资源委员会提供了经费,美国国会馆在吸取"书源编目"教训的基础上,再次开始实施"图书在版编目"计划。

随后,巴西、加拿大、英国、西德、苏联等国也相继开展了这项工作。联合国教科文组织已把"图书在版编目"列为"国际书目控制"的一个项目。我国的"图书在版编目"工作刚刚起步,有待于进一步发展。

图书在版编目收编图书的范围仅限于学术性的专著及论文集。期刊、小册子等均不收编。各国规定的收编范围,除个别出版物类型有出入外,大体上是一致的。

图书在版编目的著录项目大致可以归纳为十二项,即主要款目标目、书名、著者、版本、出版项、丛书项、附注项、附加款目标目、主题词、分类号、国际标准书号以及卡片流水号。但是,各国图书在版编目的著录内容的详简程度各有不同。现将美国、英国、西德、澳大利亚图书在版编目著录项目的设置情况作一比较。

表 3-1　美、英、西德、澳大利亚 CIP 著录项目设置对照表

著录项目		美国		英国	西德	澳大利亚	备注
		LC	NLM				
主要款目标目		√	√	√	√	√	1. LC 是美国国会图书馆英文名称的缩写　2. NLM 是美国国家医学图书馆英文名称的缩写　3. LCSH 表示美国国会图书馆主题表　4. DNLM 表示美国国家医学图书馆主题表　5. "×"表示未设置的项目　6. "√"表示已设置的项目
书名	正书名	√	√	√	√	√	
	简书名	√	√				
	副书名	×	×	√	√	√	
责任者说明		×	×	×	×	√	
版次		×		√	√	√	
出版项		×	×	×	√	√	
丛书项		√		√	√	√	
附注		√	√	√	√	√	
附加款目标目		√	√	√	√		
主题词	LCSH	√		√	×		
	DNLM	√	√				
分类号	美国 LC 分类号	√		√	×		
	杜威十进分类号	√		√	×		
国际标准书号		√	√	√	√		
卡片流水号		√		√			

　　上表表明,美国、英国、西德及澳大利亚的"图书在版编目"均设立了主要款目标目、正书名、丛书名及丛书号、附注项以及国际标准书号。但在其他各项的设置上的详略程度并不一致。

　　各国的图书在版编目资料通常载在图书版权页上,其著录格式如下:

例1:美国国会图书馆图书在版编目资料

Library of Congress Cataloging in Publication Data

Wynar, Bohdan S. ←(1)

 Introduction to cataloging and classification. ←(2)

 Bibliography: p. 641←(3)

 Includes indexes. ←(4)

 1. Cataloging. 2. Classification – Books. ←(5)

 Ⅰ. Dowell, Arlene Taylor, 1941—joint author.
 Ⅱ. Osborn, Jeanne, joint author. Ⅲ. Title. $\Big\}$(6)

(7,8,9,10)→Z693. W94 1980 025. 3 80 – 16462←(11)

(12)$\begin{cases} \text{ISBN 0 – 87287 – 220 – 3} \\ \text{ISBN 0 – 87287 – 221 – 1(pbk.)} \end{cases}$

上述各项内容说明如下:

(1)对该书,美国国会图书馆取"Wynar, Bohdan S."作主要款目标目。

(2)正书名。

(3)"Bibliography: p.641"表示书末附参考书目及所在页码。

(4)"Includes index."表示书末附索引。

(5)与该书内容有关的主题词。CIP中的主题词前冠有阿拉伯数字。

(6)附加款目标目。美国国会馆要求分别为合著者"Dowell, Arlene Taylor, 1941 – joint author."与"Osborn, Jeanne, joint author."编制附加款目。"Title."表示应为正书名编制附加款目。CIP中的附加款目标目前冠有大写罗马数字。

(7)"Z693"为《美国国会图书馆图书分类法》的分类号。

(8)"W94"为该书的卡特号。

(9)"1980"为出版年。

(10)"025.3"为《杜威十进分类法》分类号。

(11)"80 – 16462"为美国国会馆卡片流水号。

（12）国际标准书号。

例2：不列颠图书馆图书在版编目资料

British Library Cataloguing in Publication Data

（1）→Deer，William Alexandof.

（2）→　Rock – forming materials.

（3）→　Vol. 2A：Single – chain silicates. – 2nd ed. ←（4）

（5）→　1. Mineralogy.

（6）$\left\{\begin{array}{l}\text{Ⅰ. Title. Ⅱ. Howie. R. A.} \\ \text{Ⅲ. Zussman, J.}\end{array}\right.$

（7）→　549.6　（8）→QE384.2R6←（9）

（10）→　ISBN 0 – 582 – 46522 – 2　　78 – 50451←（11）

上述各项内容说明如下：

（1）不列颠图书馆规定该书取"Deer，William Alexandof"作主要款目标目。

（2）"Rock – forming materials."为多卷书总书名。

（3）"Vol. 2A：Single – chain silicates."为第2卷A辑的卷次号与分卷书名。

（4）版次。

（5）与该书内容有关的主题词。主题词前冠阿拉伯数字。

（6）附加款目标目。为该书的总书名与合作者（"Howie，R. A."与"Zussman，J."）分别编制附加款目。附加款目标目前冠大写罗马数字。

（7）《杜威十进分类法》的分类号。

（8）《美国国会图书馆图书分类法》的分类号。

（9）卡特号。

（10）国际标准书号。

（11）卡片流水号。

例3：澳大利亚图书在版编目资料

Australian Cataloguing in Publication Entry

(1)→Holliday, Ivan.

(2)→   A field guide to Australian native shrub/(by) lvan Holliday (and) Geoffrey Watton. —←(3)

(4)→Adelaide:Rigby, 1978. — 1 vol. ←(5)

(6)→   Index.
       Bibliography. ←(7)

(8)→   Cataloguing – in – Publication Entry.

(9)→ISBN 0 – 7270 – 0600 – 2

(10)→   1. Shrubs – Astralia. Ⅰ. Watton, Geoffrey, ←(11)
       joint author. Ⅱ. Title.

上述各项内容说明如下：

（1）澳大利亚规定该书取"Holliday, Ivan."作主要款目标目。

（2）正书名。

（3）责任说明。

（4）出版项。

（5）文献数量。澳大利亚将 CIP 用作国家书目款目时,倘若原书未出版,则著录"1 vol.",并在附注项内注明"Cataloguing – in – Publication Entry."。一旦该书正式出版,则根据该书的具体情况,将"1 vol."改为"112p.：col.；18cm.",并在附注项内注明"Revised entry."。

（6）书末附索引。

（7）书末有参考书目。

（8）附注项。附注的著录内容见注释"（5）文献数量"。

（9）国际标准书号。

（10）主题词。主题词前冠阿拉伯数字。

（11）附加款目标目。澳大利亚要求为合著者"Watton, Geoffrey, joint author."与正书名编制附加款目。

上述实例表明,各国图书在版编目的著录项目大同小异,区别在于著录的详简程度不同。

第二节　期　刊

　　期刊是一种具有固定名称,采用"定期地或以宣布的期限出版,并企图无限期出版的一种连续性出版物。通常比年刊出版得更频繁,每期刊登单篇论文、记事或其它著作。"

　　期刊的结构与图书有所不同。它由封面、版权页、目次、正文、索引五部分组成。

　　封面

　　期刊封面通常载有刊名与卷期号或年、月顺序号。

　　版权页

　　各国期刊版权页出现的位置极不一致。有的位于封面背面,有的位于封底,还有的出现在目次页的下方。各种期刊的版权页无论出现在何处,其刊载的内容大致包括刊名、编辑机构、出版周期、价格、出版事项以及版权说明等。

　　目次

　　期刊目次页与图书目次页刊载的内容有所不同。它不仅载有篇名、著者以及各篇文章的所在页码,而且在目次页上方时常载有刊名、卷期号或年、月顺序号、出版周期等。

　　正文

　　正文是期刊的主体部分。期刊正文部分除刊载多篇文章的内容外,有的在各篇文章前附有摘要,有的在每页底部载有期刊书目识别标识。国际标准化组织曾拟定了有关期刊书目识别标识的国际标准。它规定各种公开出版的期刊要以脚注的形式依次著录ISSN、出版日期、文章所在页码、定价、刊名、卷期号以及年、月顺序号等。

　　例:

0036 – 8075　/79/05　04 – 0474　$ 1. 25　Science　vol. 204
4 May, 1979

期刊书目识别标识有利于图书情报人员从事文献的编目工作,更有助于读者著录引文出处。

索引

期索引通常位于每期期刊的末尾,年度累积索引往往附在当年最后一期上。

实例:期刊

封面

**International
Library Review**

Volume 22 Number 1 March 1990　←——　(2)

〔(1)

(3)〔Academic Press
Harcoun Brace Jovanovich Pubushers
Londo San Diego New York
Boston Sydney Tokyo Toronto

ISSN 0020–7837　←——　(4)

注:(1)正刊名;(2)卷、期号与年月顺序号;(3)出版地和出版者;(4)国际标准连续出版物号。

版权页：

INTERNATIONAL LIBRARY REVIEW ← ──── (1)

Editors
NICK MOORE
Senior Fellow,Policy Studies Institute,100 Park Village East,
London NWI 3SR,U.K.

TONI CARBO BEARMAN
Dean,School of Library and Information Seience,University of Pittsburgh
Pittsburgh PA15260 U.S.A.
Honorary Aduisory Board of Contributing Consultants

INTERNATIONAL LIBRARY REVIEW:ISSN 0020-7837.Volume 22.1990.published quar-
terly(March.June.Sept.Dec.)by Academic Prcss at 24-28 Oval Road,London NWI 7DX,UK.
Annual subseription price including postage:L84 UK and US$160 overseas.Subscription or-
den should be sent to Academic Press Limited,Foots Cray.Sidcup.Kent DA14 SHP,UK(Tel.
01·300 3322).Send notices of changes of address to the publisher at least 6-8 weeks in ad-
vance,in cluding both old and new addresses.   (3)

SUA POSTMASTERS:Send change of addresses to INTERNATIONAL LIBRARY REVIES,
c/o Publications Expediting Inc.,200 Meacham Avenue,Elmont,N.Y.11003,U.S.A.

Second-class postage paid at Jamzica,New York 11431,U.S.A.   (4)
Air freight and mailing in the U.S.A.by Publications Expediting Inc.,200 Meacham Avenue,
Elmont,N.Y.11003.

Journal title is covered in Currenl Conlents,ASCA and the Science Gitetion ladcx.   ← ─── (6)

ISSN0020 7837   ← ──── (7)

注：(1)正刊名；(2)编者和撰稿顾问；(3)出版、发行说明；(4)信件投寄
地址；(5)版权说明；(6)该刊编入检索工具的情况；(7)国际标准书号

目次页：

Printed in Great Britain at BPCC–A UP A bcrdeen Ltd. Member of BPCC Ltd.
This Jomrnat is Printed on A cid–free paper.

　　此例表明,期刊往往载有题名(包括正刊名、副刊名、并列刊名、丛刊名、篇名)、责任者(包括编辑机构、所登文章的著者、总编者等)、出版发行项(包括出版地、出版者、出版年、发行地、发行者等）、卷期号或年月顺序号、出版周期、国际标准连续出版物号等。

第三节　地　　图

地图是依据某种投影法及比例尺，全面地或局部地显示地球表面现象的图形文献。这种文献主要借助图形描述地球表面所分布的自然现象和社会现象，它记载着人类活动的成果，它属于舆图资料的范畴。

地图的形式和种类很多。地图可以按其内容性质、用途、制图区域、比例尺、出版形式等进行分类。

按内容划分，地图可分为普通地图和专题地图两大类。

普通地图是具有自然和社会经济方面一般特征的地图。它的内容包括水文、地形、土质、居民点、交通线、境界线以及政治经济和文化中心等。普通地图又可分为地理图和地形图。

专题地图是在普通地图基础上，着重表示一种或几种自然或社会经济现象的地图。专题地图有表明地球表面自然状况的自然地图（如：气候图、地质图、地貌图、水文图、土壤图、植被图、动物图）；有表明人类政治、经济、文化活动的社会经济地图（如：经济地图、行政区划图、人口图、历史图等）；还有工程技术地图（如：工程图、军事图、航海图、航空图等）。

按制图区域划分，即按所反映的地域范围划分，可分为世界图、半球图、大陆图、海洋图、大洲图、国家图、省图、市图等。

按制图使用的比例尺划分，可分为大比例尺地图、中比例尺地图以及小比例尺地图。大比例尺地图是指大于1：10万，包括1：10万比例尺的地图；中比例尺地图是指小于1：10万至大于1：100万比例尺的地图；小比例尺地图是指小于1：100万，包括1：100万比例尺的地图。

按出版形式划分,可分为单幅地图、多幅地图、地图集、立体地图、地球仪。单幅地图可细分为单页地图、卷轴地图、折叶地图、组合地图。

单页地图与卷轴地图的结构极为简单,一般有地图的正文部分(包括图例)。它是地图的主要信息源。

折叶地图与组合地图的结构略微复杂一点。它由封套和地图正文部分组成。组合地图除此而外,还有索引图和使用说明。

无论何种地图,通常在封套上或地图正文部分载有图名、绘图者或制图机构、图例、比例尺、投影法、出版发行事项等。

第四节　非书资料

目前,国内外对非书资料的概念与类型众说纷纭。有的人认为"凡图书馆入藏资料中那些不属于书刊、小册子等常规出版物——即印刷品——范畴的统称为非书资料。"也有的人认为"凡是不以书籍形态出现,或虽以书籍形态出现,但不必依照书籍分编的出版物统称为非书资料。"还有人认为除了习见的图书、期刊、政府出版物外,其余的出版物统称为非书资料。由此可见,非书资料是一部分文献的总称。根据《国际标准书目著录(非书资料)》的使用范围,我们认为非书资料是指以音响、形象等方式记录知识的载体。

随着科学技术的发展,非书资料的类型日益增多。非书资料按出版形式划分,可分为录音资料、缩微品、电影与录像资料、图像资料、计算机文档、立体人工制品与实物教具以及配套资料。

上述七种非书资料的结构各异,本节仅介绍录音资料与缩微品的结构。

一、录音资料结构浅析

录音资料通常由容器、标签、正文以及附件这几部分组成。

容器(Container)

容器是指盛物品的器具,此处指盛录音资料的器具。例如,唱片封套、磁带盒等。

标签(Label)

贴在或附在唱片或录音带上,标明该录音资料的名称、责任者、出版说明、制作说明、转数、音道数等的纸片。

正文(Text)

录音资料的正文通常指已记录知识内容或艺术内容的磁性材料。

附件(Accompanying materials)

文献主体之外附带的有关资料称附件。附件是与文献主体结合使用的附加材料,例如印刷型的说明书或教师手册等。

实例:唱片

注:(1)作词与作曲者　(2)唱片片名　(3)出版单位　(4)生产者
(5)版权说明　(6)内容目次

此例表明,录音资料通常在容器或标签上载有题名(如,书名、歌名、曲名等)、责任者(如,著者、朗读者、作曲者、作词者、演唱者、演奏者等)、出版发行说明(如,制作地,制作者、制作年)、放音所需时间等。标签与文献本身是录音资料的主要信息源。

二、缩微品结构浅析

缩微品通常由容器、题名帧、正文、附件等部分构成。缩微胶片除此而外,还有标题区。缩微品的题名帧与标题区位于正文前,俗称为"片头"。

容器(Container)

缩微品容器种类很多。有插入式片盒(Cartridges)、循环式片盒(Cassettes)、缩微封套胶片(Microfilm jackets)、纸皮封套以及卷轴等。

题名帧(Title frame)

题名帧是指缩微品文献开始的那一个画面格。通常载有题名、责任说明、版本、出版事项等。它通常是书名页或期刊封面的复制品,较为全面地提供著录信息,是著录缩微品的主要信息源。

标题区(Heading area)

标题区位于每一张缩微胶片的上端,载有可直接阅读的文字材料。它刊载的内容极为简单,通常有题名、责任说明、一张缩微胶片的检索途径等。标题区可以起图书馆目录中的导片作用,尤其是缩微胶片的检索点,它不仅是一套缩微胶片的排列依据,而且是检索其文献内容的途径。

实例:缩微平片

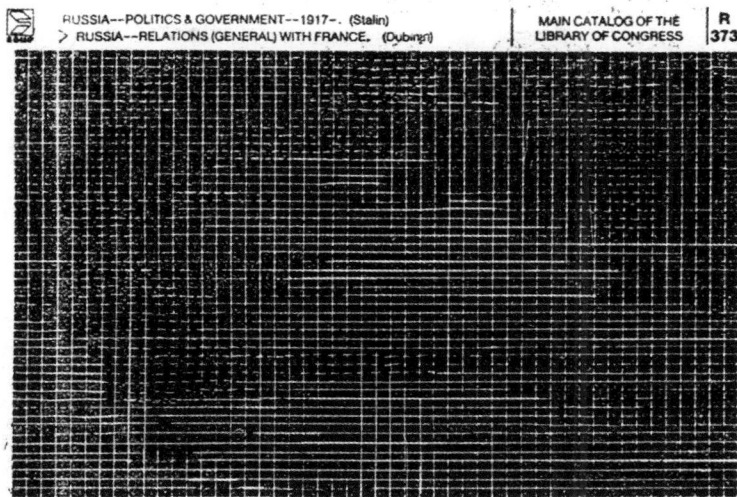

RUSSIA--POLITICS & GOVERNMENT--1917-. (Stalin)
> RUSSIA--RELATIONS (GENERAL) WITH FRANCE. (Dubinin)

MAIN CATALOG OF THE
LIBRARY OF CONGRESS

R
373

　　题名帧与标题区所载的内容详略程度不同,但它们都是缩微品的主要信息源。

正文(Text)

已记录知识内容或艺术内容的感光材料。

附件(Accompanying materials)

附件是文献主体附带材料。缩微品的附件有书本式索引、说明书等。

思考题

1. 西文图书的结构特点。

2. 期刊的结构特点。

3. 非书资料与图书的结构特点的区别。

4. 图书在版编目资料的著录内容及其作用。

参考文献

1. 舒弥. 编目的原理与实践:第二章 图书编目工作的对象——图书. 四川图书馆学报,1984(4):83－86
2. 谢宗昭主编. 文献编目概论. 南京:南京大学出版社,1990:243－250
3. 王作梅,严一桥编著. 西文图书编目. 武汉:武汉大学图书情报学院,1985:63－98

第四章 文献著录

在编制文献目录时,对文献的形式特征进行分析、选择和记录的过程称为著录。著录出的记录称为款目。款目是反映文献内容和形式特征的著录项目的组合。款目的作用在于:(1)它决定文献在目录中的位置;(2)全面记录文献内容、外表形式和物质形态的特征,有助于读者了解文献,确认文献,从而选择文献;(3)提供文献的馆藏地点,便于读者利用文献。

图书馆目录中的各种款目不是随意编制的,是依据一定的文献著录规则著录而成的。目前,我国使用的西文文献著录规则是中国图书馆学会主持制定的《西文文献著录条例》(Descriptive Cataloguing Rules for Western Language Materials)。文献著录规则是著录文献的依据。为了确保目录质量,确保款目著录的准确性和一致性,编目员在著录文献时,必须遵循科学的文献著录规则,即文献著录条例。

第一节 主要信息源与规定信息源

著者的信息源来自文献本身。各类型文献均有其揭示自身特点的主要信息源(Chief source of information)。著录各类文献时,优先选用的书目资料来源称为主要信息源。取自文献以外的其他信息源,例如:从参考书查出或编目工作者自拟的信息,均置于方括号内。主要信息源是正确选择著录项目,并使统一著录获得保证的依据。文献因载体不同,外形特征不同,其主要信息源也各有不同。

表4－1　各类型文献的主要信息源

文献类型	主要信息源
图书与小册子(Books and pamphlets)	书名页(Title page)
连续出版物(Serials)	书名页或封面(Title page or cover)
舆图资料(Cartographic materials)	文献本身(The item itself)
图解资料(Graphic materials)	文献本身、标签(The item itselfand its label)
缩微品(Microforms)	题名帧(Title frame)
录音资料(Sound recordings)	文献本身与标签(The item itselfand its label(s))
影片与录像资料(Motion picturesand videorecordings)	文献本身(The item itself)
计算机文档(Computer files)	题名幕(Title screen)
立体人工制品与实物教具(Three - dimensional artefacts and realia)	实物本身(The object itself)

　　《西文文献著录文献》既规定了各类型文献的主要信息源,也规定了各类型文献各著录项目的规定信息源(Prescribed source of information)。所谓规定信息源是指为款目的各著录项目和著录单元提供著录信息的出处。现介绍普通图书与连续出版物各著录项目的规定信息源。

表 4 – 2 普通图书各著录项目规定信息源

著录项目	规定信息源
题名与责任说明项	书名页或代书名页
版本项	同上
出版、发行项	书名页或代书名页、版权页及文前栏目
载体形态项	出版物本身
丛编项	丛编的书名页、专著的书名页、封面及该出版物的其他地方
附注项	任何来源
文献标准编号与获得方式项	同上

表 4 – 3 连续出版物各著录项目的规定信息源

著录项目	规定信息源
题名与责任说明项	题名页或代题名页、版权页、封面
版本项	同上
文献特殊细节项	同上
出版、发行项	同上
载体形态项	出版物本身
丛编项	出版物中任何地方
附注项	任何来源
文献标准编号与获得方式项	同上

第二节 著录项目

　　用以揭示文献内容和形式特征的记录事项称为著录项目（Area）。款目是由说明文献各种特征的著录项目组成的。每一著录项目又由若干著录单元组成。著录单元（Element）是著录项目的组成部分，用以表示文献某一特片的一个单词、短语或一组字符。例如，出版、发行项由出版地、出版者、出版年等著录单元构成。我国《西文文献著录条例》明确规定西文文献设九个著录项目，现分述如下。

1. 题名与责任说明项（Title and statement of responsibility area）

正题名（Title proper）

一般文献类型标识（General material designation）

并列题名（Parallel titles）

副题名及说明题名文字（Other title information）

责任说明（Statements of responsibility）

2. 版本项（Edition area）

与本版有关的责任说明（Statements of responsibility relating to the edition）

3. 文献特殊细节项（Material specific details area）

4. 出版、发行项（Publication, destribution, etc. area）

出版、发行地（Place of publication, distribution, etc.）

出版、发行者（Name of publisher, distributor, etc.）

出版、发行日期（Date of publication, distribution, etc.）

印制地、印制者、印制日期（Place of manufacture, name of manufacturer, date of manufacture）

5. 载体形态项（Physical description area）

文献数量及其单位（Extent of item, including specificmaterial designation）

图表及其它形态细节（Other physical material）

尺寸（Dimensions）

附件说明（Accompanying material statement）

6. 丛编项（Series area）

丛编正题名（Title proper of series）

并列丛编题名（Parallel titles of series）

丛编副题名及说明丛编题名文字（Other title information of series）

丛编责任说明（Statements of responsibility relating toseries）

丛编国际标准连续出版物号（ISSN of series）

丛编号（Numbering within series）

附属丛编名（Subseries）

7. 附注项（Note area）

8. 文献标准编号与获得方式项（Standard number and terms of availability area）

国际标准书号（International Standard Book Number）

国际标准连续出版物号（International Standard SerialsNumber）

识别题名（Key title）

获得方式（Terms of availability）

装订（Qualification）

9. 根查项（Tracing）

从表面上看，《西文文献著录条例》共设九个著录项目。实际上，它只设了八个著录项目，因为"根查"属于图书馆业务注记，不应作为一个著录项目。

第三节　标识符号

为了改善各国的书目管理和促进书目情报的国际交流，使各国的书目著录具有互换性和识别性，特别是将目读的书目著录转换成机读的形式，《国际标准书目著录（总则）》特为此制定了一套供各种载体文献通用的标识符号系统。这些标识符号移植了我们常用的标点符号，只是所代表的意义不同，而且每一个著录项目的标识符号位于各该著录项目或著录单元之前，使同一著录段落中的每个著录项目或著录单元个别化。《西文文献著录条例》也采用了 ISBD(G)所规定的标识符号。各标识符号的使用方法如下：

.— 用于各著录项目前。但题名与责任说明项或另起一段的著录项目前不用此标识符号。

例：用于出版、发行项前

Stanier, Roger Y.

The microbial world/Roger Y. Stanier…[et al.]. —Englewood Cliffs, N.]. ;Pretive – Hall, 1976.

= 用于并列题名、并列版本说明、并列丛编名以及识别题名前。

例1：用于并列题名前

Tyres and wheels = Pneus et roues

例2：用于连续出版物识别题名前

ISSN 0308 – 230 × = British Library Bibliographic Services Division newsletter

： 用于副题名及说明题名文字、出版者、发行者、印刷者、制作者、图表及其他形态细节、副丛编名及说明丛编题名文字、获得方式前。

例1：用于说明题名文字前

Bits of paradise:twenty – one uncollected stores

例2：用于出版者前

New York:Wiley, 1965.

／用于题名及责任说明项、版本项、丛编项、附注项的责任说明前。

例1：用于题名及责任说明项的责任说明前

/by Lu Hsun;translated by Yang Hsien – yi and Gladys Yang

例2：用于版本项的责任说明前

3rd ed./revised throughout and much enlarged by Isadore Gilbert

；　用于混合责任者、无总题名的一系列同一责任者的分题名、后续的出版地或出版者、文献尺寸、丛编号前。

例1：用于混合责任者前

/Svante Bodin;illustrated by Studio Frank

例2：用于尺寸前

534 p. ;18 cm.

，　用于交替题名、分担责任者、附加版本说明、出版年、印刷年、版权年、制作年、分段页码、丛编项中的 ISSN 前。

例1：用于交替题名前

Under the hill, or,The story of Venus and Tannhauser

例2：用于图表及其他形态细节以分隔特殊图表材料

89 p. :ill. , ports.

例3：用于分段页码前

124，124 p.

·　用于无总题名的一系列的分题名与责任说明、丛编项中的附属丛编名前。

例1：用于分题名与责任说明前

Cataloging and classification/by Maurice F. Tauber. Subject Headings/by Carlyle J. Frarey

例2：用于附属丛编名前

(The sciences. Man and his environment;no. 4)

＋　用于载体形态项中的附件前。

例：用于载体形态项中的附件前

285 p. :ill. ;21 cm. +10 maps

1 videocassette (50 min.):sd. ,col. ;1/2in. +1 script booklet

()　将印刷地与印刷者、丛编项、装订形式置于圆括号内。

例1：用于丛编项

(Special paper/Geological Society of America)

例2:用于装订形式

ISBN 0 – 435 – 91661 – 0（pbk.）

［　］　用于一般文献类型标识、未取自规定信息源的著录内容。

例1:用于一般文献类型标识

The gentleman of Venice［Microform］

例2:未取自规定信息源的著录内容

［Cape Town］:Univ. of Cape Town Libraries, 1959.

…　用于说明省略了的著录内容

例:用于省略了的分担责任者

Anglo – American cataloguing rules/prepared by the American Library Association…［et al.］

标识符号是识别著录项目或著录单元的符号,故将它置于每个著录项目或著录单元的前面。唯独"（）"与"［］"例外,将著录项目或著录单元置于标识符号内。著录项目另起一段时,可省略"—",将"·"保留在前一著录项目的末尾。

标识符号的空格问题。《西文文献著录条例》明确规定除在","和"·"这两个标识符号后空一格,其余的标识符号均在符号前后各空一格。

例:

" ＝"空格方法为"空格——等号——空格"

"/"空格方法为"空格——斜线——空格"

".—"空格方法为"点——空格——破折号——空格"

","空格方法为"逗号——空格"

第四节　著录格式与著录级次

一、著录格式

款目中各个著录项目的组织顺序及共表示方式称为著录格式。著录格式将著录项目分别组成若干个段落,同一段落中的各个著录项目与著录单元均用特定的标识符号标识。著录格式的种类很多。按款目载体的不同类型划分,可分为卡片著录格式与书本著录格式。按著录项目的不同组织法划分,可分为段落著录格式和悬行著录格式。

1. 卡片著录格式

a. 责任者主要款目采用段落著录格式:

索书号	责任者作主要款目标目.
	正题名[一般文献类型标识] ＝ 并列题名:副题名及说明题名文字 / 第一责任说明;混合责任说明 . — 版本说明/与本版有关的责任说明 . —文献特殊细节项 . — 出版发行地:出版发行者,出版发行日期(制作地:制作者,制作日期)
	文献数量及其单位:图表及其他形态细节;尺寸＋附件说明 . —(正丛编名 ＝ 并列丛编名:副丛编名及说明丛编名文字/丛编责任说明,国际标准连续出版物号;丛编号.附属丛编名)
	附注项
	国际文献标准编号(装订形式):
	价格
	根查项

例 1：

G254	Hunter, Eric J.
H916.2	Cataloguing/Eric J. Hunter and K. G. B. Bakewell. —2nd,
	rev. and expanded ed. —London：Clive Bingley. 1983.
	xix. 222 p. ；ill. ；22 cm.
	Includes bibliographies and index.
	ISBN 0 – 85157 – 358 – 4：￥29.60
	1. Cataloguing. Ⅰ. Bakewell, K. G. B.，it. auth. Ⅱ. Title.

例 2：

01 – 1	Conference in Modern Analysis and Proba –
C767	bility（1972：Yale University）
	Conference in Modern Analysis and Probability, 1972, Yale Univ./Richard Beals ⋯［et al.］, editors. —Providence, Rohode Island：American Mathematical Society, 1980.
	xi, 423 p. ；25 cm.
	ISBN 0 – 8328 – 5030 – X：￥121.86

b．题名主要款目采用悬行著录格式：

索书号	正题名［一般文献类型标识］＝并列题名：副题名及说明题名文字/第一责任说明；混合责任说明．— 版本说明/与本版有关的责任说明．—文献特殊细节项．—出版发行地：出版发行者,出版发行日期（制作地：制作者,制作日期）
	文献数量及其单位：图表及其他形态细节；尺寸＋附件说明．—（正丛编名＝并列丛编名：副丛编名及说明丛编名文字/丛编责任说明,国际标准连续出版物号；丛编号.附属丛编名）
	附注项
	国际文献标准编号（装订形式）：价格
	根查项

64

2. 书本著录格式

索书号	责任者作主要款目标目.
	正题名［一般文献类型标识］＝并列题名:副题名及说明题名文字/第一责任说明;混合责任说明. — 版本说明/与本版有关的责任说明. —文献特殊细节项. — 出版发行地:出版发行者,出版发行日期(制作地:制作者,制作日期). — 文献数量及其单位:图表及其他形态细节;尺寸 + 附件说明. —(正<u>丛编名</u>＝并列<u>丛编名</u>:副<u>丛编名</u>及说明<u>丛编名</u>文字/<u>丛编</u>责任说明,国际标准连续出版物号;<u>丛编号</u>:附属<u>丛编名</u>). — 附注项. — 国际标准编号(装订形式):价格

例:

G254	Hunter, Eric J.
H916.2	Cataloguing/Eric J. Hunter and K. G. B. Bake – well. — 2nd, rev. and expanded ed. —Lon – don: Clive Bingley, 1983. —xix, 222 p. ; ill. ; 22 cm. —Includes bibliographies and index. —ISBN 0 – 85157 – 358 – 4 : ￥29.60

若以题名作主要款目标目,需用悬行格式。

西文文献著录时应注意:

(1)著录规格

著录文献时,应从卡片上端的第四行,从左端向右第 11 或 9 个字母的交界处著录标目。

(2)分段

卡片著录格式(不包括标目)共分五段。第一段:题名与责任说明项至出版、发行项;第二段:载体形态项至丛编项;第三段:附注项;第四段:文献标准编号与获得方式项;第五段根查项。书本著录格式不分段落,各项连续著录。

(3)移行

责任者主要款目,其标目移行时,以标目为基准缩入四个字母接着著录。其它各段落前均空两个字母,移行时与标目对齐。题名主要款目,则从题名与责任说明项至出版、发行项移行时,以题名与责任说明项为基准缩入两个字母接着著录。其它各段落前空两个字母,移行时跟题名与责任说明项对齐。

(4)续片

著录续片需在卡片右下角注明"Continued on next card"(见下片),并在续片右上角标明序号。除此而外,续片还需著录主要款目标目与正题名,然后再著录前一张款目未著录完的内容。

例:

```
┌─────────────────────────────────────────────────────────┐
│ O152   Whitehead, J. H. C.                               │
│ W592       The mathematical works of J. H. C. White – head/edited by I. │
│        M. James. —Oxford:Perga – mon,1962.               │
│            4 v. ;23 cm.                                  │
│            Includes bibliographies.                      │
│            Contents:v. 1 Diferential geometry—v. 2       │
│        Complexes and manifolds v. 3 Homotopy             │
│                                                          │
│                              (continued on next card)    │
│                                                          │
│                             ◯                            │
│                                                          │
└─────────────────────────────────────────────────────────┘
```

```
┌─────────────────────────────────────────────────────────┐
│ O152   Whitehead, J. H. G.                  (Card 2)     │
│ W592       The mathematical works of J. H. G. Whitehead theory—v. 4 │
│        Algebraic and classical topology                  │
│            I. James, I. M. ,ed. II. Title.               │
│                                                          │
│                             ◯                            │
│                                                          │
└─────────────────────────────────────────────────────────┘
```

二、著录级次

依据著录项目和著录单元的详简程度划分的等级区别称为著录

级次(Level of description)。《西文文献著录条例》根据款目的著录项目的详简程度的不同,规定了三个著录级次——简要著录、基本著录和详细著录。简要著录又称简要级次或第一著录级次;基本著录又称基本级次或第二著录级次;详细著录又称详细级次或第三著录级次。

简要著录包括题名与责任说明项的正题名、第一责任者;版本项;文献特殊细节项;出版、发行项的第一出版者、出版日期;文献载体形态项的文献数量;附注项;文献标准编号与获得方式项。

基本著录包括题名与责任说明项的正题名、一般文献类型标识、并列题名、副题名及说明题名文字、第一责任说明、其他责任说明;版本项的版本说明、与本版有关的责任说明;文献特殊细节项;出版、发行项的出版地、出版者、出版日期等;文献载体形态项的文献数量、图表及其他形态细节、尺寸、附件说明;丛编项中的正丛编名、丛编责任者、丛编的 ISSN、丛编号、附属丛编名、附属丛编的 ISSN、附属丛编号;附注;文献标准编号与获得方式项。

详细著录包括基本著录所有的著录项目与著录单元,并依据著录条例选用供选择的项目。

我国大、中型图书馆或情报所,一般采用"基本著录"的级次著录文献。本教科书也采用"基本著录"级次。

第五节　各个著录项目的著录法

一、题名与责任说明项

题名与责任说明项是文献著录项目之一,是记载文献最主要特征,是认识文献、识别文献必不可少的依据,是款目最主要的内容。题名与责任说明项由题名与责任说明两部分构成。

1. 题名(Title)

题名是书名、刊名、图名、片名、曲名、篇名等的总称。题名的种类繁多,常见的题名有:

(1)正题名(Title proper)

正题名是文献的主要名称,它包括交替题名。著录正题名时,根据规定的信息源上的题名逐字照录。但题名中的标点符号和字母书写形式应视具体情况而定。

例:原题

Introduction to

CATALOGING and CLASSIFICATION

著录为:

Introduction to cataloging and classification

题名往往因在文献中出现的位置不同而稍有变化。载在书脊、封面、半题名页、题名页等处的题名,有时会出现繁简不一的现象。著录时,以规定的信息源上的题名为准。一旦文献题名规定的信息源散佚或残缺不全,而选取其他信息源上的题名时,要在附注项内注明题名出处。

例:

Teach in Canada's northland:handbook for prospective teachers. —2nd ed. —

[S. 1.]:Education Division, Northern Administration B ranch,

Department of Northern Affairs and National Resource, 1984.

24 p. :ill. ;28 cm.

Title from cover.

Bibliography:p. 24.

(2)交替题名(Alternative title)

文献的正题名由两部分构成,在这两部分之间用"or"或用与"or"相应的连接词连接,其正题名的第二部分称为交替题名。交替题名具有两个最基本的特征。其一、交替题名是正题名的一个组成部分,是为了突出书名的主要部分而设立的。其二、交替题名是用"or"或与"or"相应的连接词来引出的。

例：

Twelfth night, or, What you will

Marcel Marceau, ou, L'art du mime

（3）并列题名（Parallel title）

并列题名是指在题名页上用两种或两种以上的语言文字,互相并列、对照的题名。并列题名具有两个显而易见的特征。第一,并列题名必须出现在题名页上。倘若在版权页上或序言中出现其他语种题名,不视为并列题名。第二、并列题名所用的语言文字与正题名不相同。

当题名页上载有多语种题名时,应选择与文献正文所使用的语种(或主要语种)相一致的题名作正题名。倘若文献正文所使用的主要语种难以判断,则用在主要信息源中首先出现的题名作正题名。正题名确定后,并列题名照主要信息源中所载的顺序依次著录。一般只著录第一个并列题名,除非后续的并列题名是英文方可著录。并列题名前冠"＝"。

例：

Road map of France = Carte routière de la France

Dansk – Engelske ordbog = Danish – English dictionary

（4）副题名（Subtitle）

解释正题名的文字为副题名。副题名前冠":"。

例：

Bits of paradise;twenty – one uncollected stories

（5）载有总题名的汇编本

对于两篇或多篇作品的汇编本,当题名页上不仅有总题名还载有各篇作品的篇名时,选择总题名为正题名,而将各篇作品的篇名与责任者著录在附注项内。

例：原题

THREE NOTABLE STORIES

Love And Peril

the Marquis of Lorne

To Be Or Not To Be

Mrs. Alexander

The Melancholy Hussar

Thomas Hardy

题名与责任说明项著录为:

Three notable stories

附注项著录为:

Contents: Love and peril/the Marquis of Lorne. To beor not to be/Mrs. Alexander. The melancholy hussar/Thomas Hardy

对于无总题名的、四篇以上作品的汇编本,在题名与责任说明项中只著录题名页上刊载的前三篇作品的篇名,其余篇名略去。其题名页上刊载的各篇作品的篇名,在附注项内反映。

凡属同一责任者的各篇作品,在后续篇名前冠";",即使篇名间有连接词"and"也是如此。

例:

African politics; More songs from Kenya/David NzomoFlash filigree; and, The magic Christian/by TerrySouthern

凡属不同责任者的各篇作品,依次著录各作品的篇名与责任者,中间用"·"分隔。

例:

Cataloging and classification/by Maurice F. Tauber. Subject headings/by Carlyle J. Frarey

2. 一般文献类型标识

表示文献类别概括性称谓的术语称为一般文献类型标识。盒式录音带的一般文献类型标识是"Sound recording";缩微平片的一般文献类型标识为"Microform"。一般文献类型标识著录在正题名之后,并置于方括号内(详细内容见第九章)。

例:

Changing Africa［Kit］

3.责任说明

责任说明由责任者名称与著作方式组成。在文献的主要信息源上,除载有责任者名称外,通常还有各种附加的记载。

(1)说明著作方式的词语:

adapted by... ……改编

adapted from... by... 根据……改编

arranged by... ……整理

by... ……著

compiled by... ……编纂

edited by... ……编

illustrated by... ……插图

prepared by... ……提出

produced by... ……制作

revised by... ……修订

selected and edited by... ……选编

selected by... ……选

simplified by... ……节写

sponsored by... ……主持

translated by... ……译

translated and edited by... ……编译

(2)表示称呼的词语:

Sir 先生;阁下

Duke 公爵

Marguis 侯爵

Earl 伯爵

Viscount 子爵

Baron　男爵

Mr.（Mister）　先生

Mrs.（Mistress）　夫人

Sr.（Senior）　年长者,父

Jr.（Junior）　晚辈,子

（3）表示学位的词语:

B. Sc.（Bachelor of sciences）　理学士

B. A.（Bachelor of arts）　文学士

M. Sc.（Master of sciences）　理学硕士

M. A.（Master of arts）　文学硕士

Ph. D.（Doctor of philosophy）　哲学博士

M. D.（Doctor of medicine）　医学博士

（4）表示职称词语:

Professor of…　……教授

Associate professor of…　……副教授

Assistant professor of…　……助理教授

Lecturer of…　……讲师

Engineer of…　……工程师

（5）表示工作单位的词语:

Department of…　……系

University of…　……大学

Institute of…　……学院;研究所

Bureau of…　……局

... Association　……协会

... Laboratory　……实验室

对于这些词语分别按下列方法处理。

第一,责任者名称与著作方式照题名页上所载的形式著录。

例:

Great Britain:handbook for travellers/by Karl Baedeker

第二,责任者是题名不可缺少的组成部分,主要信息源中又未载有责任者时,责任说明中不再重复反映责任者。

例:

George Gissing and H. G. Wells:their frienship and correspondence/edited, with an introduction, by Royal A. Gettmann

当然也有例外的情况。倘若题名中含有责任者,主要信息源中又载有责任者时,应如实地将责任者著录在"责任说明"这一著录单元内。

例:

The John Franklin Bardin omnibus/John Franklin Bardin

第三,分担责任者超过三个时,只著录第一个责任者,其余的予以省略。省略部分用"…et al."表示,并将"et al."置于方括号内。

例:

原题:

Atlas of total body radionuclide imaging

Evenst W. Fordham, Amiad Ali, David A. Turner, John R. Charters

题名与责任说明项著录为:

Atlas of total body radionuclide imaging/Evenst W. Fordham…[et al.]

第四,著者的学位、职称、工作单位一般不著录。除非在主要信息源中出现作为识别责任者不可缺少的称呼或贵族封号等可以照录。

例1:

原题

Easier Scientific English Practice

G. C. Thornley

M. A., Ph D.

题名与责任说明项著录为:

Easier scientific English practice/G. C. Thornley

例2：

/Rene A. Henry, Jr.

/Mrs. Henry Duberly

二、版本项

版本项是文献著录项目之一。ISBD(M)第2版明文规定版本项包括版本说明、并列版本说明(供选择)、与本版有关的责任说明、附加版本说明、附加版本说明的责任说明。依据 ISBDs 制定的《西文文献著录条例》在版本项著录单元的设置方面稍有变化。版本项只包括版本说明、与本版有关的责任说明、后续版本说明以及后续版本的责任说明(供选择)这四个著录单元。

1. 版本说明

版本的表示法分为数字表示法与文字表示法两种。西文文献通常用下述词语表示版本。

例1：用数字表示版本

Second edition   第2版

Third edition   第3版

Fourth edition   第4版

1980 edition   1980 版

例2：用文字表示版本

Revised edition   修订版

New edition   新版

Enlarged edition   增订版

Revised and enlarged edition   增订版

Abridged edition   节略版

Expurgated edition   删节版；改订版

Adapted edition   改写版

Second edition revised and enlarged   第2增订版

Preliminary American Second edition　美国第 2 预印版

Provisional edition　初印版;预印版

凡是以数字表示的版次,均用阿拉伯数字序数缩写形式著录;凡是用文字表示的版本,均用标准缩写词著录。

例:

原题:Fifth edition

著录为:5th ed.

原题:New edition

著录为:New ed.

原题:Revised and enlarged edition

著录为:Rev. and enlarged ed.

2. 与本版有关的责任说明

与本版有关的责任说明是指新版的修订者或对新版补充材料负责的个人或团体,其特点是他们只是某一新版本或某些新版本的责任者,而不是第 1 版或全部版本的责任者。这一类与本版有关的责任说明著录在版本项内。

例:

The Oxford school dictionary/compiled by Dorothy C. Mackenzie. —3rd ed. /rev. by Joan Pusey

凡是与第 1 版或全部版本有关的责任说明应著录在题名与责任说明项内。

例:

Bright's Anglo – Saxon reader/revised and enlarged by James R. Hulbert

3. 后续版本说明与后续版本的责任说明

若文献是某一版本改动后的再版本,则将改动说明作为后续版本说明,著录在前一版本及其责任说明之后,并冠",",。后续版本的责任说明是个选择项目,必要时才选用。

例:

The pocket Oxford dictionary of current English/compiled by F. G.

Fowker and H. W. Fowler. —4th ed. revised by H. G. Le Mesurier and E. McIntosh, repr. with correction

三、文献特殊细节项

文献特殊细节项是著录项目之一。本项用于著录连续出版物首卷(期)与末卷(期)的卷、期、年、月;舆图资料的比例尺和投影法;音乐乐谱类型等(详见第九章和第十章)。

例:

The Film as art. —Vol. 1, no. 1 (Apr. 1978) –

四、出版、发行项

出版、发行项是文献著录项目之一。用于说明文献出版发行情况。ISBD(M)第 2 版明文规定出版、发行项包括出版、发行地,出版、发行者,发行者作用说明(供选择),出版、发行日期,印制地(供选择),印制者(供选择),印制日期(供选择)。《西文文献著录条例》除发行者作用说明外,其余的著录单元均已设立。

出版、发行项是从文献出版或制作的角度揭示文献的特征,是反映文献制作水平的项目。为了准确地著录出版、发行项的内容,我们不妨简明扼要地介绍一下西欧各国出版业的发展简况。

西欧各国出版商是在激烈的竞争中生存发展起来的。出版商之间时常争权夺利,它们之间不仅仅是大出版商兼并中、小出版商或两个出版商联营,而且向海外扩张,朝着集团垄断化的方向发展。巴特沃斯有限公司(Butterworth Co. Ltd.)创建于 1818 年,于 20 世纪初期开始向海外扩展,分别在加拿大、澳大利亚、新西兰建立了分公司。1976 年吞并了纽恩斯 – 伊西夫公司(Newnes and Iliffs Co.),尔后又加入了英国最大的出版集团——国际出版公司(International PublishingCorporation,简称 IPC)。这就出现了多个公司或一个出版社多个出版地的现象。

西欧各国出版机构大体有四类。

（1）政府部门出版机构。如，美国政府出版局（U. S. Government Printing Office）、英国女皇陛下出版局（Her（His）Majesty's Stationery Office）都属于政府部门出版机构。政府部门出版机构的出版物除政府行政、立法、司法部门文件和政府各部的文献外，还出版与政府各部订有科研合同的有关单位的科技报告、论著等等。

（2）学术机关团体出版机构。例如，美国图书馆协会、加拿大图书馆协会等。西欧各国除了有各学、协会出版本团体的各种出版物外，还有牛津大学出版社、剑桥大学出版社这类高等院校出版社，其出版物以教科书及学术性专著为主。

（3）私人商业出版机构。它是西欧各国主要的出版部门，其中有的出版商历史悠久，规模较大，出书质量较高。

西德的施普林格出版社（Springer – Verlag）1942 年创立，每年出版新书约 600 种，以数学、物理学、化学、生物学、医学为主，并出版多种著名的大部头工具书。1945 年后，该社发展成为国际公司，有国际性的作者网和发行网。这一切使施普林格出版社成为世界上主要的科技出版社之一。

英国培格曼出版公司（Pergamon Press）是世界上规模最大的出版集团之一。它出版的科技期刊内容涉及生命科学、工程、化学、物理、社会科学等领域。它出版的图书侧重于参考性工具书以及科学技术、医学等方面图书。此外，还出版微机软件。

国外的私人出版商为数众多，在此不一一列举。私人出版机构的名称有个特点，多数是以出版商姓名命名的。如，"Springer – Verlag"以出版商姓氏命名，而"John Wiley & Sons Inc."则以出版商姓名命名。

（4）著者自行出版。

总而言之，各国出版机构的情况比较复杂，应根据各自的特点著录出版、发行项。

1. 出版、发行地

出版、发行地是指出版、发行者的所在地。规定的信息源上有一个或多个出版、发行地时,一般只著录第一个或占显著位置的出版、发行地;除非后续的出版、发行地是编目机构所在地(国),可著录后续的出版、发行地,并冠";"。

例:

原题:Pergamon Press

        Oxford   New York   Toronto

著录为:Oxford;Pergamon

原题:Kuala Lumpur   Hong Kong   Tokyo

著录为:Kuala Lumpur;Hong Kong

异地同名或不出名的出版、发行地,需在出版地后附国名、省名、州名、郡名等限定语,以资识别。

例:

Cambridge, Mass.

Cambridge. Eng.

London〔Ont.〕

Littleton, Colorado

出版、发行地不详,可借助《美国联合目录》(National Union Catalog)、《英国国家书目》(British National Bibliography)等工具书查找。无法查考的出版地则著录为"S. 1"(Sine loco),即"出版地不详",并置于方括号内。

例:

〔Chicago〕

〔S. 1.〕

2. 出版、发行者

(1)出版、发行者一般照规定信息源所载如实著录。

例:

原题:North-Holland Publishing Company

著录为:North-Holland Publishing Co.

原题:Chapman & Hall

著录为:Chapman & Hall

（2）国际知名又易于识别的出版机构可用简称著录。

例:

原题:Springer-Verlag

著录为:Springer

原题:John Wiley and Sons, Inc.

著录为:Wiley

原题:Penguin Books

著录为:Penguin

原题:U. S. Government Printing Office

著录为:U. S. G. P. O.

原题:Her Majesty's Stationery Office

著录为:H. M. S. O.

（3）出版、发行机构名称中含有表示出版、发行职责的词语，一般不著录。例如,published by…（由……出版）,publisher（出版者）等。但是,也有例外情况,凡是用 distributed by…（由……发行）, published for… by…（由……为……出版）, distributed and published for…by…（由……为……出版发行）这类词语表示出版、发行职责则照录。

例:

原题:Published by Allen & Unwin

著录为:Allen & Unwin

原题:Published for the Conference by University of Toronto Press

著录为:Published for the Conference by Univ. of Toronto Pr.

（4）凡已在题名与责任说明项中反映的出版者,可用简短形式著录,即机关团体出版者用缩写词或带冠词的通名表示,私人出版商用名的首字母和姓氏表示。

例1:机关团体出版者

The Wonder of new life/Cleveland Health Museum. —Cleveland, Ohio: The Museum, 1971.

例2:著者自行出版

Even the waitresses were poets/Daisy Warren. —Iowa City: D. Warren, 1971.

(5)无出版者著录为"s. n."(sine nomine),即"出版者不详",并将"s. n."置于方括号内。

例:

New York:[s. n.],1954.

[S. 1. :s. n.],1848.

3. 出版、发行日期

(1)出版、发行日期根据规定信息源以纪年形式著录,非公元纪年应在其后附公元纪年,并置于方括号内。

例:

1987

4069[1911]

(2)陆续出版的文献集中著录时,著录起讫年或采用未完成著录法。

例:

1985 – 1987

1907 –

(3)无出版年可依次选用版权年、印刷年、估计年等。

例:

c1974(版权年)

1975 printing(印刷年)

[ca. 1950](估计年)

[1969?](估计年)

(4)印刷错误的出版年,根据规定的信息源如实照录,然后将更正的出版年置于方括号内。

例:

1697［i. e. 1976］

五、载体形态项

载体形态项是文献著录项目之一。用于著录文献载体的物质形态特征。

1. 文献数量

（1）文献数量由阿拉伯数字以及与文献相应的数量单位标识构成。

例:

xxi,660 p.

5v.

4 sound cassettes

38 microfiches

13 maps

（2）分段编码的文献,采用"总页数 in various pagings"的形式著录。

例:

86 p. in various pagings

（3）双重编码的文献,两种页码均需著录,并在附注项内说明。

例:

载体形态项著录为:136, 136 p.

附注项著录为:Opposite pages bear duplicate numbering.

（4）对于双向编码的文献,从题名页起依次著录各段页码。

例:

ix, 155, 127, x p.

（5）多卷（册）文献集中著录时,著录总卷数。

例：

5 v.（总卷数）

3 v. in 1（卷、册数不符）

3 v.（1000 p.）（卷、页数俱全）

2.其他形态细节

其他形态细节是描述文献物质外形特征的著录单元。文献种类繁多。各类型文献由于特征不同,故"其他形态细节"的著录内容各异。

（1）图表

一般图表材料用"ill."表示,特殊图表材料除了著录"ill.",还可以依下表选用适当的用语,并依此表所列次序著录。

chart　图表

costs of arm　纹章

facsimile（facsim.）　原件摹真复制品

form　表格

genealogical table（geneal table）　谱系表

map　地图

music　乐谱

plan　平面图

portrait（port.）　肖像

sample　标本图

例：

311 p. ;ill.

xvi, 683 p. :ill. , facsims. , ports.

（2）色彩

文献的色彩可以用"b&w"（黑白）、"col."（彩色）以及"some col."（部分彩色）等表示。

例：

1 map:col. , silk

（3）材质

材质是指文献的制作材料。介质为纸张的文献不须著录。

例：

1 globe:col. , plastic, mounted on wooden stand

（4）转速

录音资料根据自身的特征著录转速。

例：

1 sound disc（30 min. ）:33 $\frac{1}{3}$ rpm, stereo.

（5）声道数

录音资料分别选用 mono. （单声道）；stereo. （立体声）；quad. （四声道）著录声道数。

例：

1 sound disc（ca. 48 min. ）:33 $\frac{1}{3}$ rpm, mono.

表 4-4　各类型文献的尺寸著录法

文献类型		尺 寸 的 著 录	实 例
图书与连续出版物		一般以厘米为单位著录其高度,计算时逢小数进一。宽度小于高度的一半或大于高度的文献,著录其"高×宽"。	18cm. 20cm. ×6cm.
舆图资料	地图集	尺寸的著录方法与图书相同。	
	地　图	地图以厘米为单位著录其地图版面内框的"高×宽"。	1 map:col. ; 93 ×68 cm.
	球　仪	各种球仪以厘米为单位著录其直径尺寸。	20 cm. in diam.
缩 微 品		缩微胶卷以毫米为单位著录其宽度。其余的缩微品以厘米为单位著录其"宽×高"。	16 mm. 8 ×13 cm.

（续表）

文献类型		尺 寸 的 著 录	实 例
录音资料	录音带	匣式循环录音带和盒式录音带以英寸为单位著录其外形尺寸(长×宽)和磁带的宽度。	$7\frac{1}{4} \times 3\frac{1}{2}$ in.
		开盘录音带以英寸为单位,著录其直径和磁带宽度。	7 in. $,\frac{1}{2}$in. tape
	唱片	唱片以英寸为单位,著录其直径。	12 in.
录像资料		录像带以英寸为单位,著录其宽度。	$\frac{3}{4}$in
影 片		影片以毫米为单位著录其声道胶片的宽度。	16 mm.

（6）声响

影片与录像资料用 sd.（有声）；si.（无声）词语著录声响。

例：

14 filmstrips：col. , sd.

3. 尺寸

尺寸是指文献长、宽、高或文献直径的长度。文献载体千变万化,其尺寸的著录方法也是多种多样的。

4. 附件

附件是与文献内容相关,而又分离于文献主体之外的附带材料。附件有的是附图,有的是教师手册,也有的是盒式录音带。附件可以著录在尺寸后,也可以在附注项内说明。

例：

4 v. ;23 cm. +4 sound cassettes.

六、丛编项

丛编项是文献著录项目之一,用于反映丛编的基本情况。

1. 正丛编名

正丛编名是丛编的主要题名。丛编名中通常用"series"（丛书）、"library"（文库）、"lecture"（讲座）、"readers"（读物）等词语。正丛编名取自文献本身。

例：

（The Chester woodwind series）

（The modern library）

（International tracts on physics and astronomy；no. 23）

（Licture notes in mathematics：1062）

2. 并列丛编名

并列丛编名是指在文献主要信息源内，用两种或两种以上的语言文字，并列对照的丛编名。并列丛编名按文献规定信息源所载的顺序依次著录。

3. 副丛编名及说明丛编名文字

副丛编名及说明丛编名文字，通常是对正丛编名进行解释的文字。副丛编名及说明丛编名文字照文献规定信息源所载著录。

例：

（Natural resources：water series；no. 7）

4. 丛编责任者

丛编责任者是一部丛编的总编者。有的丛编由个人编者编辑而成，有的丛编则由集体编者编辑而成。丛编责任者一般不著录。但对于需要识别的丛编名，要著录丛编责任者。

例：

（Bibliographical series／IAEA：no. 3）

5. 丛编的 ISSN

国际标准连续出版物号（International Standard SerialsNumber，简称 ISSN）是连续出版物的一种简明、独特、明显的识别代码。丛编的 ISSN 著录在丛编项内，其他连续出版物的 ISSN 则著录在文献标准编号与获得方式项内。

例：

(Oceasinal papers/University of Sussex Centre for Continuing Education, ISSN 0306 – 1108;no. 4)

6. 丛编号

丛编号是一套丛编各分册的序号。根据规定信息源如实著录丛编号。

例：

(Environment science research;v. 6)

(Monographs on archaeology and the fine arts;29)

(Manpower and human resources studies;no. 3)

7. 附属丛编名

附属丛编名是指从属于正丛编的丛编名称。附属丛编名著录在正丛编名后,并冠以"·"。

例：

(Department of State publication;8583. East Asian and Pacific series;199)

七、附注项

附注项是用以说明在其它著录项目中不便反映的书目信息的著录项目,进一步说明文献特征、使用对象以及馆藏说明。附注项的内容包括关于连续出版物出版周期的说明;关于文献的性质、范围、语言等说明;关于题名说明;关于版本说明;关于出版、发行项说明;关于载体形态项说明;关于附件或补编的说明;关于丛编说明;关于文献适用对象的说明;关于文献附录与目次的说明;关于馆藏说明等等。

附注项著录内容根据上述顺序依次列出。每一个著录内容单独起行。附注项中的各个内容通常选用下列词语作引导词:

Adaptation of: ……改写本

At head of title: 题上项

Based on… 根据

Contents： 目次,子目

Continued by： 由……接续

Continues： 接续……

Cover title： 封面题名

Distributed in…by… 由……在……发行

Microreproduction of… ……的缩微复制品

On spine： 书脊(书名)

Originally published： 原出版情况

Previous ed. by… 前一版由……著

Title from 题名取自

例1:关于出版周期的说明

Weekly (1968 – 1971), monthly (1972 –   )

例2:关于文献性质说明

Catalog of an exhibition.

例3:关于题名说明

Cover title：Biology seminars.

例4:关于文献附录说明

Bibliography：p. 754 – 760.

Includes bibliographies and index.

八、文献标准编号与获得方式项

文献标准编号与获得方式项由国际标准编号、识别题名、价格以及装订形式这几部分构成。

国际标准编号包括国际标准书号(International Standard Book Number,简称 ISBN)和国际标准连续出版物号(International Standard Serials Number,简称 ISSN)。ISBN 与 ISSN 是 20 世纪 70 年代国际标准化组织(ISO)公布的两项国际标准。目前已在全世界广泛使用。

ISBN 由组区号、出版者号、书序号、校验号四段 10 个数字组成。而 ISSN 则由两段 8 个数字组成,每段缺乏特定的含义。

例:

ISBN 0 – 901212 – 04 – 0

ISBN 0 – 7225 – 0344 – X

ISSN 0305 – 3741

文献标准编号与获得方式项,除了著录国际标准编号,还应依次著录识别题名、装订形式以及获得方式。文献获得方式包括价格、发行范围、获取文献途径等。

例:

ISBN 0 – 87287 – 221 – 1(pbk):$107.64

ISBN 0 – 902573 – 45 – 4:Subscribers only

思考题

1. 主要信息源的定义和内容。

2. 西文文献主要款目有几种著录格式,各自有什么特点?

3. 主要款目的著录项目、著录项目的顺序、标识符号的使用以及各项的著录规则。

4. ISBN 的结构与作用。

参考书目

1. 张大卫. 关于西文编目中出版项著录的一点意见. 图书馆杂志,1984(4):33 – 34

2. 罗进. 英文图书著录中的大写问题. 图中馆学研究,1982(3):60 – 64

3. 舒弥. 编目的原理与实践:第二章图书编目工作的对象——图书. 四川图书馆学报,1984(4):83 – 86

4. 田文清,马恒通. 西文文献著录程序研究. 高校图书馆工作,1988(2):32 – 37

5. 中国图书馆学会《西文文献著录条例》编辑组. 西文文献著录条例. 北京：
中国图书馆学会, 1985：27 – 79

第五章　主要款目的著录

第一节　概　　述

在手工编目阶段,为了从不同方面揭示文献内容和外形特征,为了提供各种检索文献的途径,就需要编制各种款目。由于目录种类不同,文献本身的特征不同,编制款目的方法不同,因而产生了各种款目。

一、主要款目与通用款目

款目的种类繁多。按款目的性质划分,可分为以题名(包括统一题名)为标目的题名款目、以责任者名称(包括机关团体名称、会议名称)为标目的责任者款目,以主题词为标目的主题款目,以目录分类号为标目的分类款目等。按款目的作用划分,可分为主要款目、附加款目、分析款目、综合款目。按款目编制程序划分,可分为主要款目与辅助款目。这是一种按传统的款目编制程序划分款目类型的方法。

传统的款目编制程序可分为四步。第一步选择主要款目标目或基本款目标目;第二步编制主要款目;第三步选取附加款目与分析款目标目;第四步编制辅助款目。随着电子计算机在编目工作中的应用,未来的款目编制程序将发生根本的变化。新的款目编制程序分为三个步骤。第一个步骤是著录文献;第二个步骤是选择检索点;第三个步骤是确定标目形式。目前,GB3792.3-85《普通图书著录规则》、《西文文献著录条例》、《英美编目条例》第 2 版等均已按新的款目编制程序安排文献著录条例的章节。在中文文献编目工作中已采纳了新的款目编制程序,并取消了"主要款目"与"附加款目"的概念,产生了"通用款目"的新概念。然而,在西文文献编目中,仍保留着"主要款目"与"附加款目"的概念,尤其是在手工编目工作中,仍沿用传统的款目编制程序。

1961 年,巴黎国际编目原则会议在"原则声明"中明确规定"每种编目的图书最少有一个款目",那个款目就是主要款目。又规定主要款目"必须是一个完整的款目,它具有能够说明该书所必要的特征。"换言之,主要款目是反映一文献各项特征最完整、最全面的款目。由于近年来印刷卡片盛行,某一文献的主要款目已成为该文献的单元片,在此卡片上加工便可制成各种附加款目或分析款目。这样一来,主要款目与辅助款目著录详略程度基本一致,所不同的是根查、文献收藏地点、登录号等图书馆业务注记仍需著录在主要款目内。从这一点上说,主要款目仍是著录最完整、最详尽的款目。除此而外,主要款目开端有标目,而中文文献的通用款目则无标目。因此,主要款目可以直接用于题录性检索工具。

通用款目(Framework)是款目的基本结构,是一种无标目的款目。通用款目一般不能直接用于题录性检索工具,它必须进行技术加工,将标目置于款目开端,使之成为题名款目、责任者款目、主题款目、分类款目等,方可组织各种目录或书目。

主要款目与通用款目充分揭示了文献内容与外形特性,都是编制其它各种款目的基础。但是,主要款目不仅著录了标目,而且载有图书馆业务注记。通用款目则没有任何业务注记。它只是在排检项中设有检索点。

标目(Heading)一般位于款目的开端,决定款目在目录中的排检次序和款目性质的一项文献特征。标目是指一个人的姓名,一个词或者一个短语,在目录中提供了一个检索点。检索点(Access point)是指用于查找和识别一条书目记录的名称、术语、代码等。一条书目记录可以有多个检索点,检索点可以分别作款目的标目。标目与检索点都具有检索和识别一条书目记录的功能。其区别在于一条款目只有一个标目,而一条书目记录则有多个检索点。标目是传统手工编目中的术语,是排检款目的依据,而检索点则是现代电子计算机编目中出现的新术语,是检索文献的依据。

二、主要款目标目

在手工编目阶段,西文文献主要款目的编制,首先考虑如何著录它的标目。这个标目就是主要款目标目。标目是款目的开端,它决定一条款目在目录中的位置,是读者借以查阅目录的关键,也是图书馆对读者提供检索的关键。图书馆提供给读者的检索点,必须对准读者的查找口径,才能方便使用。由于文献出版情况复杂,常有变化。例如,书名、刊名、个人姓名和机关团体名称都会有多种变化,参加著述的人也前后有变化,究竟应以何为主,以谁为主,这是矛盾的一方面。另一方面,一种文献即使发生过多种多次变化,仍要求它在目录中有一个相对固定的位置。要求同一著者的各种著作,同一著作的不同版本或译本都能够在同一标目下集中起来,才便于读者从目录中查找文献。这就要求标目前后一致,即著录标目的一致性。世间的事物总是复杂的,除了一个著者或一种著作有多个名称的可能外,还可以有同一名称的不同著者或著作,如不加以区分,容易造成张冠李戴,反映得不准确,会造成目录的混乱。所以必须准确无误地著录文献。这就是著录标目的准确性。必须保证标目的一致性和准确性,才能便于读者查找文献和辨认文献,也便于馆员利用目录和组织目录。

西文文献的主要款目基本上以责任者(包括个人著者和机关

团体责任者）为标目。当然，某些文献也有以题名（包括书名、刊名等）作标目的，而且以题名为主要款目标目的文献，目前有逐渐增多的趋势。尽管如此，西文文献主要款目标目还是以责任者为主。其最主要的原因有两个。其一，这是由于西文语文特点所造成的。拉丁语系文字由于语法的倒装形式，常常使书名中的次要词汇作为书名首字出现，其结果书名不突出，还可能在书名目录中集中大量同一词汇开头的书名款目。这既不利于检索文献和识别文献，也不利于组织目录。其二，读者的使用习惯。根据西方的有关著述，并有实物证明，西方古代图书馆目录最初也是分类目录，在各类之下再按著者姓名排列。著者目录可能是从分类目录分化出来的。一位英国图书馆目录史学家认为公元 20 世纪所用的目录，非常近似于公元前 17 世纪所用的目录。由此可见，西方读者习惯于同时使用分类目录和著者目录，是有其历史渊源的。

　　总而言之，西文文献以责任者为主要款目标目，可以说是经过时间和实践的检验而确定下来的。

第二节　个人著者标目

一、个人著者标目选取原则

　　个人著者（Personal author）是指对某一文献的知识内容或艺术内容的创作负主要责任的个人，包括一书的著者、乐曲的作曲者、艺术作品的创作者等。目前，个人著者概念有所变化，概念的外延缩小了。在《西文普通图书著录条例》等传统的编目条例中，编者、译者、插图者等都视为著者。1953 年，柳别茨基提出著者应是对文献知识负责的人，编者、编纂者等既不是文献内容的创造者，也不对其负责，所以不能视为著者。因而，《西文文献著录条例》与《英美编目条例》根据这一原则,对编者编辑的书基本上采用题名作主要款目标目。

西文文献个人著者标目法的通则是:以对某一文献的知识内容或艺术内容贡献最大的人,为该文献的主要款目标目,为其他辅助著者编制附加款目,并注明其所参与的著作方式。例如:编纂者、编者、插图者、译者分别用著作方式 comp. , ed. , ill. , tr. 著录。个人著者标目必须前后统一。同一著者在姓名拼写上,标目形式上必须一致。对于多姓名著者,应选用惯用名称为标目,并从不用名称引见标目(详见本节第三个问题,即多姓名著者的统一标目问题)。

下面分别叙述个人著者标目选取原则。

个人著者按其人数多寡可分单个著者与多个著者。多个著者按其创作文献的责任又可以分为分担责任者和混合责任者。

1. 单个著者的著作(Works of single personal author – ship)

单个著者的著作是指一个人独著的文献,即该文献只有一个著者。对于单个著者创作的文献(例如:专著、文集、选集、全集)不论该著者的姓名是否出现在正在编目的文献中,凡能确定其对著作内容负责的人,都应以该负责人即著者作主要款目标目。

个人著者标目形式为:

姓氏,名字.

例1:

Hemingway , Ernest.

The sun also rises/by Ernest Hemingway

该书是部个人著者的著作,取该书著者"Hemingway , Erncst. "作主要款目标目。

例2:

Bennetts , Pamela.

My dear lover England/Pamela Bennetts

该书取"Bennetts, Pamela."作主要款目标目。

例3：

Stein, Gertrude.

   The autobiography of Alice B. Toklas

该书从表面上看是 Gertude Stein 的秘书——Alice B. Toklas 的自传，实为 Gertrude Stein 写自身的生平，故此书主要著者是 Gertrude Stein。

除此而外，对于单个著者创作的文献，不论著者用真名、假名、笔名、曾用名、现用名、绰号、贵族称号还是用其他名称著书立说，均以著者的惯用名称作主要款目标目。有时，惯用名称在题名页上没有反映，可以从该文献的图书在版编目资料中获得，也可以查阅美国国会图书馆的名称规范文档，甚至可以借助有关的工具书。例如：《美国全国联合目录》(National Union Catalog)、《英国国家书目》(British National Bibliography)、《累积图书索引》(Cumulative Book Index)等。

2. 分担责任者的著作(Works of shared responsibility)

两个或两个以上的责任者在创作同一作品时，进行相同的活动，每个责任者的劳动成果可能形成独立的部分，也可能合为一体，共同对文献的知识内容或艺术内容负责。换言之，分担责任者是指以相同的著作方式创作同一部文献的责任者。GB 3792.5 - 85《普通图书著录规则》将分担责任者称为相同著作方式的责任者。

三个以内的责任者合著的文献，如其中有在用词或版式(布局、编排)上突出的主要责任者，著录时则以主要责任者为主要款目标目，可为其他著者编制附加款目。

例：

Holiday, Billie.

   Lady sings the blues/Billie Holiday with William Dufty

该书为两人合著的著作,在用词上突出了主要责任者"Billie Holiday",故取"Holiday, Billie."作主要款目标目。

倘若一文献有两个或三个分担责任者,未指明其主要责任者时,取名列第一的责任者作主要款目标目,为其他责任者编制责任者附加款目。

例1:

Cheney, Gay.

　　Modern dance/by Gay Cheney, Janet Strader

该书为两人合著的著作,它在用词或版式上未突出主要责任者,著录时取名列第一的著者"Cheney,Gay."作主要款目标目。

例2:

Ackoff, Russell Lincoln.

　　A guide to controlling your corporation's future/Russell

　　L. Ackoff, Jamshid Acocella, Elsa Vergara Finnel

该书为三人合著的著作,未突出主要责任者,故第一个著者"Ackoff, Russell Lincoln."作主要款目标目。

三个以上的分担责任者合著的文献,取题名作主要款目标目。(详见本章第五节)

3. 混合责任者的著作(Works of mixed responsibility)

混合责任者是指两个或两个以上的责任者在创作同一文献时,进行不同的活动,对同一文献的知识内容或艺术内容作出了不同贡献,各自对自己所作出贡献的那一部分负责。换言之,混合责任者是以不同著作方式创作同一文献的责任者。它在 GB 3792.2 -85《普通图书著录规则》中称为不同著作方式的责任者。

例如:

一部著作既有撰文者又有插图者;

一部著作既有原著者又有改写者;

一部著作既有原著者又有注释者;

一部著作既有著者又有译者；

一部音乐作品,既有作曲者又有改编者。

其标目的选取原则如下：

（1）一书的节写本、注释本、译本一般取原著者作主要款目标目,分别为节写者、注释者、译者编制附加款目。

例：

Lu Xun, pseud.

　　Dawn blossoms plucked at dusk/by Lu Hsun;translated by Yang Hsien –
yi and Gladys Yang

该书为鲁迅著的《朝花夕拾》一书的英译本,取著者"LuXun."作主要款目标目。该标目须注意一点,在"Lu"后不加逗号,因为"Lu Xun."是中国著者"Zhou,Shu – ren."的笔名。因而,可以在"Lu Xun"之后著录"pseud."以表示笔名,即主要款目标目为"Lu Xun,pseud."。

（2）对其内容进行了修订、扩充、更新的文献,只要原著者还对修订本负责,或者原著者出现在正题名中,而在责任说明中或其他题名信息中未载有修订者时,取原著者作主要款目标目。

例：

书名页（见 98 页图）

主要款目：

Kroeger, Alice Bertha.

　　Guide to the study and use of reference books/by Alice Bertha Krueger. —
3rd ed./revised throughout and much enlarged by Isadore Gilbert Mudge. —
Chicago:A. L. A.,1917.

　　xiv, 235 p. ;23 cm.

《工具书学习和使用指南》一书的原著者为" Alice Bertha Kroeger"。该书第 3 版修订者"Isadore Gilbert Mudge"对原著作了大量修订,内容有很大的补充,增收许多非英语工具书。但是,原著者仍对该书负责,故取原著者"Kroeger,Alice Bertha."作主要款目标目。

CUIDE TO THE STUDY AND USE OF REFERENCE BOOKS

BY

ALICE BERTHA KROEGER

THRD EDITION, REVISED THROUGHOUT AND MUCH ENLARGED

BY

ISADORE GILBERT MUDGE
Reference Librarian,Columbia University

AMERICAN LIBRARY ASSOCIATION
PUBLISHING BOARD
CHICAGO
1917

　　除非在文献主要信息源上,明确反映原著者对修订本不再起责任者作用时,则用修订者作主要款目标目,为原著编制名称／题名附加款目。

　　主要款目:

Mudge, Isadore Gilbert.

　　Guide to reference books. —5th ed. ／by Isadore GilbertMudge. —Chicago:
A. L. A. , 1929.

　　xii, 370 p. ;25 cm.

例:

书名页

GUDIDE TO
REFERENCE BOOKS
BY
ISADORE GILBERT MUDGE
REFERENCE LIBRARIAN,COLUMBIA UNIVERSITY

Fifth Edition

CHICACO
AMERICAN LIBRARY ASSOCIATION
1929

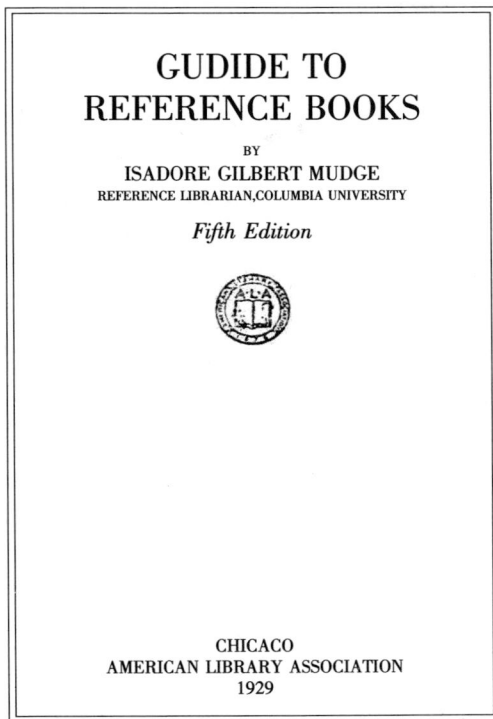

Includes index.

《工具书指南》是西方最重要的工具书指南。初版于 1902 年,由"Alice Bertha Kroeger"著,原名《工具书学习和使用指南》。

《工具书指南》第 5 版由"Isadore Gilbert Mudge"著,而该书原著者"Alice Bertha Kroeger"已不再对第 5 版负责,故取第 5 版的修订者作主要款目标目。

(3)为儿童意译、改写的著作,或者是体裁发生变化的改写

本,取改写者作主要款目标目,若无改写者取题名作主要款目标
目。对于是否是改写本还有疑问的文献,根据原著选取主要款目
标目。

例:

Sutton, Felix.

    Adventures of Tom Sawyer/by Mark Twain; rewritten for young readers by
Felix Sutton

该书是"Felix Sutton"为青少年读者改写的乌克·吐温的作品
《汤姆·索亚历险记》,取改写者"Sutton, Felix."作主要款目标目,
为原著者"Twain, Mark, pseud."编制附加款目。

（4）对于图文并茂的文献,若以文字为主,插图为辅,取撰文
者作主要款目标目。若以图为主,文字说明为辅,则取图的创作者
作主要款目标目。

例:

Bodin, Svante.

    Weather and climate: in colour/Svante Bodin; illustrated by Studio
Frank. —Poole [Eng.]: Blanford Pr., 1978.

    272 p.: col. ill.; 19 cm. —(Blanford colour series)

该书以文字为主,插图为辅,取撰文者"Bodin, Svante."作主
要款目标目。

由一位艺术家为一部或几部文献插图,其插图单独汇编出版
时,则以绘图者作主要款目标目。

（5）一人或两人书信集,以第一个写信者作主要款目标目,为
第二个写信者或书集集的编者编制附加款目。

例:

Shaw, Bernard.

    Bernard Shaw and Mrs. Patrick Campbell, their correspondence/ edited
by Alan Dent

该通信集取载于书名页上的第一个写信者作主要款目标目。

其惯用名称为"Shaw, Bernard."。

(6)传记一般以作传者作主要款目标目,为被传者编制附加款目。

例:

Westfall, Richard S.

  Never at rest:a biography of Isaac Newton/Richard S. Westfall

该传记取作传者"Westfall, Richard S."作主要款目标目。

编者或编纂者编纂的某一被传人的传记或评论,取被传人作主要款目标目。否则,取题名作主要款目标目。

例:

Sedgwick, Catharine M.

  Life and letters of Catharine M. Sedgwick/edited by Mary E. Dewey

(7)在编者指导下,收集的同一著者的专著汇编,取著者作主要款目标目。为其他各篇著作编制名称/题名附加款目。

例:

Wiggin, Kate Douglas.

  The Birds' Christmas Carol;The story of Patsy;Timothy's quest;and other stories by Jerrold Orne

该书为"Kate Douglas Wiggin"所撰短篇小说的汇编本,取她的姓名作主要款目标目。

不同著者的专著汇编,题名页上有总题名时,取总题名作主要款目标目,为编者编制附加款目。若无总题名则取第一篇专著的著者作主要款目标目,为其他各篇专著编制名称/题名附加款目。

例:

Ellsworth, Ralph E.

  Buildings/by Ralph E. Ellsworth. Shelving/by Louis Kaplan. Storage warehouses/by Jerrold Orne

该书为不同著者专著的汇编本,又无总书名,故取第一篇专著的著者"Ellsworth, Ralph E."作主要款目标目。

二、个人著者标目形式

1. 姓名的一般著录形式

根据《西文文献著录条例》规定,西文文献以个人著者为标目时,姓在前,名在后。欧美国家的个人著者(匈牙利人除外)姓名在题名页上的表现形式为名在前,姓在后。著录标目时颠倒其姓名。

例:

原题: Michael Gorman

著录为: Gorman, Michael.

如果取中国人(或中国血统的人)与匈牙利人作标目时,应具体情况具体分析。一般来讲,中国人与匈牙利人在题名页上表现形式为姓在前,名在后。匈牙利人以及一些常见的、著名的中国历史人物和中国现代名人题名页上载有惯用拼法时,其标目照录题名页,并加上相应的符号。

例:

原题: Hua Loo – keng(华罗庚)

著录为: Hua, Loo – keng.

原题: Sun Yat – sen(孙逸仙)

著录为: Sun, Yat – sen.

中国人名除上述提到的情况外,一般用汉语拼音拼写姓名。

例:

原题: Yang Hsien – yi(杨宪益)

著录为: Yang, Xian – yi.

2. 复姓著者

复姓(Compound surnames)是由两个或两个以上的姓氏构成的姓。通常在两姓之间用连接号、连接词或介词连接,有时甚至无任何符号或连接词。

例:

原题： Amabel Williams – Ellis
著录为： Williams – Ellis, Amabel.
原题： Guillede Castro y Bellvis
著录为： Castro y Bellvis, Guillede.
原题： Alinda Bonacci Brunamonti
著录为： Bonacci Brunamonti, Alinda.
原题： Ouyang Wen(欧阳文)
著录为： Ouyang,Wen.

3. 前缀姓氏著者

冠有区别语、形容词、介词及冠词的姓氏称为前缀姓氏
(Surnames with prefixes)。

（1）冠有区别语或形容词的前缀姓氏
例：
A' Beckeet, Gilbert.
Fitz Gerald, Mary.
MacDonald, Flora.
O' Casey. Sean.

（2）冠有冠词的前缀姓氏
例：
Le Gallionne, Richard.
La Bruyere, Rene.

（3）冠有介词的前缀姓氏
例：
De Morgan, Augustus.
Von Scheidt, Jurgen.

（4）冠有介词和冠词或二者合成的前缀姓氏
例：
Do la Marc, Walter.
Du Maurier, Daphne.
Des Granges, Charles – Mare.

（5）前缀部分与姓氏连为一体时,作为单姓处理。

例：

Debure, Guillaume.

Descartes, Rene.

Vanbrugh, Sir John.

欧美著者前缀姓氏的著录比较复杂。前缀姓氏的著录方法取决于著者使用的语言或其定居国惯用形式。下面着重叙述英语国家、法语国家以及德语国家著者前缀姓氏的著录问题。

英语国家的著者一律将前缀部分（如, d', de, de la, le, du, van, van der, von, l'）作为姓的一部分著录。

例：前缀作为姓的一部分

原题：Knightley d'Anvers

著录为：D'Anvers, Knightley.

原题：Augustus de Morgan

著录为：De Morgan, Augustus.

原题：Walter de la Mare

著录为：De la Mare, Walter.

原题：Daphne du Maurier

著录为：Du Maurier, Daphne.

原题：Richard le Gallienne

著录为：Le Gallienne, Richard.

原题：Martin van Buren

著录为：Van Buren, Martin.

原题：Wernher von Braun

著录为：Von Braun, Wernher.

法语国家的著者具有一个冠词（如：le, la）或一个冠词和一个介词合成的缩写形式构成的前缀时,将其前缀部分作为姓的一部分著录。否则,介词作为名的一部分著录。

例1：前缀作为姓的一部分

原题：Gustave le Rouge

著录为：Le Rouge, Gustave.

原题：Rend la Bruyère

著录为：La Bruyère, Renè.

原题：Edélestand Pontas du Méril

著录为：Du Méril, Edélestand Pontas.

原题：Charles – Marc des Granges

著录为：Des Granges, Charles – Marc.

例 2：介词前缀作为名的一部分

原题：Théodore Agrippa d'Aubigné

著录为：Aubigné, Théodore Agrippa d'.

原题：Alfred de Musset

著录为：Musset, Alfred de.

原题：Jean de la Fontaine

著录为：La Fontaine, Jean de.

德语国家的著者，若冠有 van，von，von der，von andzu 前缀的姓名，其前缀部分作为名的一部分著录。除此而外，前缀部分均作为姓的一部分著录。

例 1：前缀作为姓的一部分

原题：August am Thym

著录为：Am Thym, August.

原题：Ernst aus'm Weerth

著录为：Aus'm Weerth, Ernst.

原题：Erich vom Ende

著录为：Vom Ende, Erich.

原题：Josef Paul zum Busch

著录为：Zum Busch, Josef Paul.

原题：Otto zur Linde

著录为：Zur Linde, Otto.

例 2：前缀作为名的一部分

原题:Johann Wolfgang von Geothe

著录为:Geothe, Johann Wolfgang von.

原题:Peter von der Mhhll

著录为:Miihll, Peter von der.

原题:Georg Ludwig von and zu Urff

著录为:Urff, Georg Ludwig von and zu.

三、多姓名著者的统一标目问题

个人著者采用一个以上的名字发表著作称为多姓名著者。例如,著者的真名与笔名,曾用名与现用名以及西方已婚妇女的娘家姓氏与夫家姓氏等。多姓名著者有必要进行统一标目的工作。统一标目的目的在于同一目录中集中同一著者的全部著作,为读者提供最快、最有效的检索途径。同时还要尽量减轻编目员的工作量。多姓名著者的统一标目大致可归纳为以下几种方法。

1.1961 年国际编目原则会议上发表的原则声明中明确规定"个人著者的统一标目应该是著者在著作中最常用的全名"。我国编制的《西文普通图书著录条例》采纳了这一原则,明文规定"为了使著录标目取得一致,著者姓名尽可能根据工具书查出其常见的全名,并尽可能查出著者的生卒年。如查不出时,可在其简名后空八格,以备将来查出时补全。"总而言之,取著者在著作中最常用的全名作标目,为其他姓名编制单纯参照。此种方法可以在著者常用的全名下集中同一著者的全部著作。但是,要考证著者常用的全名难度大,既费时又费力,甚至有的著者只有最常用的简名而无最常用的全名。因而,在编目工作实施此法有一定的困难。

2.用惯用名称作标目,为其他名称编制单纯参照。惯用名称(Predominant name)是指在个人著者或由机关团体发表的著作中以及在参考资料中出现最频繁的著者姓名或机关团体名称以及它们的表现形式。

例1：真名与笔名

标目不用：Clemens, Samuel Langborne.

标目使用：Twain, Mark, pseud.

例2：已婚妇女的娘家姓氏、夫家姓氏以及改嫁姓氏

标目不用：Boothe, Clare.

标目不用：Brokaw, Clare Boothe.

标目使用：Luce, Clare Boothe.

例3：全名与简名

标目不用：Djuanda, Hadji.

标目使用：Djuanda, H.

此种方法是根据巴黎会议编目原则的精神而制定的，它发扬了第一种方法的长处，克服其不足。采用此种方法可以在惯用名称之下集中同一著者的全部著作，其标目的稳定性较强，便于读者检索文献。但是，采用此种方法，有的著者较好处理，有的著者难以处理，不易确认其惯用名称。为了解决编目工作中的这一难题，编目部门要有足够的参考工具书，辨明著者的惯用名称。最好备一套美国国会图书馆的规范文档以便查阅。除此而外，图书馆应建立本馆的规范文档。

3.用真名作标目，为以后每次出现的新名编制单纯参照。此种方法可以在真名之下集中同一著者的全部著作，标目稳定性极强。此方法简便易行，便于编目员处理文献。但是，对于多数读者来说，可能要在目录中查两个地方，才能查到所需的文献。

4.用新名作标目，为以前每次出现的旧名编制单纯参照。此种方法可以在新名之下集中同一著者的全部著作，便于多数读者检索文献。但标目稳定性较差，著者再次改名，编目员就要不厌其烦地进行回溯编目，编目员工作量大。

目前，《西文文献著录条例》、《英美编目条例》第 2 版及第 2

版修订本均采用第二种方法解决多姓名著者的统一标目问题。在无法确定惯用名称时,则按下列顺序选择:

(1)已出版的该著者的各种著作中最常见的名称。

(2)当前参考资料中最常见的名称。

(3)最近使用的名称。

四、同姓名著者的区分问题

从古至今,大多数著者都是以自己的真名发表著作。有一部分著者不用真名,而用别的名字。因而,在众多的著者中难免存在着同姓同名的现象。1985 年的《西文文献著录条例》、1978 年和1988 年的《英美编目条例》都规定必要时注明著者生卒年,以便与其他同姓名著者相区别。

例:

Smith, John, 1924 –

Smith, John, 1900 Jan. 10 –

Smith, John, 1900 Mar. 2 –

Smith, John, 1837 – 1896.

Duman, Alexandre, 1802 – 1870.

Duman, Alexandre, 1824 – 1895.

同姓名著者可以用生卒年相区别。对于有血缘关系,用父名做自己名字的著者,或一家有两三代同名的,还可以用"Jr.","Ⅲ"来区别第二、第三代。

例:

Dumas, Alexandre.

Dumas, Alexandre, Jr.

区别同姓名著者的方法除上述提及的两种外,还可以用著者的职业、籍贯等加以区别。以达到集中同一著者各种著作的目的。只有这样,图书馆目录才不致产生混乱现象。

第三节 机关团体标目

一、机关团体标目的使用范围

机关团体(Corporate body)是指办理事务的部门或有共同目的、志趣的所组织的集体。它作为一个整体,并具有特定名称。它的出版物反映了机关团体集体的思想和内部活动的情况。机关团体又称法人团体。在传统的编目条例中称为集体著者。机关团体的典型例子包括各国政府,政府部门,学术团体(如学会、协会),学术机关(如学校、图书馆、研究所等),党、团组织,宗教团体以及会议等等。对于出自机关团体的文献,其机关团体可以作主要责任者或辅助责任者。否则,机关团体不能作标目。

根据《西文文献著录条例》与《英美编目条例》第 2 版修订本的规定,属于以下范围的出版物,以机关团体名称作主要款目标目。

1. 属于机关团体内部行政事务的出版物

如:

内部方针、程序、财政预算以及措施(internal policies, procedures, finances, and/or operations)

政府官员、工作人员以及会员情况(officers, staff, and/or membership)

有关机关团体自身情况,如:目录、财产目录(resources, e. g. , catalogues, inventories)

2. 属于以下类型的法律文件、政府出版物以及宗教著作如:

法律条文(laws)

行政首脑法令(decrees of the chief executive that have the force

109

of law)

管理条例(administrative regulations)

宪法(constitutions)

法院规则(court rules)

条约、协定等(treaties,agreements,etc.)

法院裁决(court decisions)

立法意见听取会(legislative hearings)

宗教法(religious laws)

宗教礼仪的著作(liturgical works)

3.记载有关机关团体集体思想的文献

如：

委员会或专门委员会的报告等(reports of commissions, committees,etc.)

对外政策立场的官方声明(official statements of position on external policies)

4.记载有机关团体集体活动的文献

如：

反映机关团体活动的会议(the collective activity of a conference)

会议录(proceedings)

论文汇编(collected papers)

反映机关团体探险考察活动(the collective activity of an expedition)

探险、考察报告(result of exploration,investigations)

有关机关团体的大事件(the collective activity of anevent)

展览会(exhibition)

博览会(fair)

庆祝会(festival)

5. 记录演出团体集体活动的录音资料、影片和录像资料。这类文献只有在演出团体作为一个整体,担负着表演、编导等责任方可作主要款目标目。

6. 出自机关团体的舆图资料,该机关团体不是仅负出版或发行责任的出版、发行的单位,而是对该文献的绘制负主要责任。

对于某些虽是机关团体出版物,但不属于上述六大范围的文献不能取机关团体作标目。应根据文献自身的情况选择主要款目标目。

二、机关团体的标目形式

1. 国际组织

国际组织包括政府性的国际组织与非政府性的国际组织两大类。前者以政府作为会员国组成,后者以各国的学术机关团体或个人作为成员组成。

政府间的国际组织

如:

联合国(United Nations)

联合国下属的专门机构,如:

联合国教育、科学及文化组织(简称联合国教科文组织或称教科文组织)United Nations Educational, Scientific and Cultural Organization 简称 Unesco 或 U. N. E. S. C. O.

联合国粮食及农业组织 Food and Agriculture Organization of the United Nations 简称 FAO

国际标准化组织 International Organization for Standardization 简称 ISO

非政府间的国际组织

国际文献工作联合会 International Federation for Documentation 简称 FID 或 IFD

国际图书馆协会联合会（简称国际图联）International Federation of Library Associations and Institutions 简称 IFLA

国际组织出版物标目选取的总原则是出自国际组织的正式文件，或以国际组织名义发表的文献，取国际组织的英文名称作主要款目标目。

标目形式为：

国际组织名称.

例：

World Health Organization.

　Global strategy for health for all by the year 2000. —Geneva：World Health Organization，1981.

对于国际组织下属机构或部门的文献，取其下属机构或部门名称作第二级或多级标目。

标目形式为：

国际组织名称. 机构或部门名称.

例：

International Federation of Library Associations and Institutions. Section of Library Services to Hospital Patients and Handicapped Readers.

　Annual report／International Federation of Library Associations and Institutions，Section of Library Services to Hospital Patients and Handicapped Readers…

2. 政府机关

对于符合前面所述六大范围内的政府机关的文献，其标目选择的总原则为有独立名称的政府机构，可以直接取其本身的名称作标目。

例：

标目不用：

Great Britain. Agricultural Research Council.

标目使用：

Agricultural Research Council（Great Britain）

但是,绝大多数出自政府机关的文献属于下列十种情况之一, 不能直接著录其本身的名称,而应分级著录其下属机构或部门 名称。

（1）机构名称明显为一机构的下属单位,并带有"depart - ment, division, section, branch"等词。

例:

United States. Division of Wildlife Service.

Vermont. Department of Water Resources.

（2）属于政府的行政管理部门,并用"bureau, office, commission, committee"等名称。

例:

Australia. Bureau of Agricultural Economics.

Canada. Royal Commission on Banking and Finance.

Great Britain. Central Office of Information.

（3）隶属于政府的机构,其机构名称太一般,必须用政府名称 加以区别。

例:

Illincis. Environmental Protection Agency.

United States. Environmental Protection Agency.

（4）中央一级政府部门

例:

Great Britain. Home Office.

United States. National Aeronautics and Space Administration.

（5）立法团体

例:

France. Assemblée nationals.

Great Britain. Parliament.

United States. Congress.

（6）司法机关

例：

Ontario. High Court of Justice.

United States. Supreme Court.

（7）军事部门

例：

Canada. Canadian Armed Forces.

New York（State.）Militia.

Great Britain. Army.

（8）国家元首及政府首脑

例：

Great Britain. Sovereign.

Montréal（Québec）. Mayor.

United States. President

（9）一国驻外大使馆及领事馆

例：

China. Embassy（U. S.）

Great Britain. Consulate（New York，N. Y.）

（10）国际或政府代表团

例：

China. Delegation to the United Nations.

出自政府机关的文献，其标目形式十分繁杂。现分述如下。

a. 一般规则

政府机关分为中央政府机关和地方政府机关。出自政府机关的文献，一般是取其行使管辖权区域（如国家、省、州、郡、市、县等）的惯用名称作主要款目标目，其惯用名称采用英文地理名称。

例：

标目使用：France.

标目不用：République Frangaise.

标目使用:China.

标目不用:People's Republic of China.

标目使用:Nottinghamshire.

标目不用:County of Nottingham.

b. 中央政府部门

出自中央政府部门的文献,以该国的英文地理名称为主要款目标目,以部门名称为副标目。

标目形式为:

国名. 中央政府部门名称.

例:

United States. Department of Agriculture.

A time to choose:summary report on the structure of agriculture. — Washington:U. S. Dept. of Agriculture,1981.

出自中央政府各部门的下属机构的文献,取国名作主要款目标目,并用其下属机构名称作直接副标目或间接副标目。其直接副标目或间接副标目包括前面所列的十种类型。何谓直接或间接副标目? 团体责任者有三级以上从属关系时,标目省略了中间层次(如以直接负责的团体和其最上层团体二级形式出现)的团体责任者标目,称为直接副标目(Direct subheading);反之保留了一个或若干个中间层次团体的团体责任者标目,称为间接副标目(Indirect subheading)。

对于政府部门下面能独立对外的附属单位,著录时,可以省略上一级政府部门名称(如部级),在国名后直接著录下一级机构。

标目形式为:

国名. 独立单位名称.

例:

United States. National Bureau of Standards.

Requirements for an effective national ionzing radiation measurements program:a report to the Congress/by the National Bureau of Standards;

prepared in cooperation with the Conference of Radiation Control Program Directors, Inc. —Washington:U. S. Dept. of Commerce, National Bureau of Standards:for Sale by the Supt. of Docs. , U. S.

"National Bureau of Standards"是"U. S. Department of Commerce"的下属机构,由于它是一个可以独立对外的单位,故在国名后省略其上一级机构,即省略了"Department of Commerce. "

对于不能独立对外的附属单位,应在国名后著录间接副标目,即逐级著录各级机构名称。

标目形式为:

国名. 部门名称. 单位名称.

例:

New Zealand. Ministry of Energy. Planning Division.

Guidelines for future energy research and development in New Zealand:a discussion document and background report on the 1980 energy plan/ prepared by the Planning Division of the Ministry of Energy. —Wellington: Ministry of Energy, 1980.

75 p. ;30 cm.

c. 一国的立法机关

资本主义国家的立法机关称作议会(Parliament)或国会(Congress)。议会或国会通常又分为两个议院,或称上议院(House of Lords)及下议院(House of Commons)或称参议院(Senate House 简称 Senate)及众议院(House of Representatives 简称 House)。在两个议院下设许多委员会(Committee),专门委员会(Commission)及分委员会(Subcommittee)等。立法机关的文献,视责任者的具体情况分级著录。

标目形式为:

国名. 议会. 议院. 委员会. 分委员会.

例:

United States. Congress. House. Committee on Aging.

The Older Americans Act reviewed in the context of federal fiscal constraint: a briefing/by the Select Committee Aging, House of

116

Representatives, Ninety – seventh Congress, first session, April 12, 1981, Seattle, Wash. —Washington, D. C. ; U. S. G. P. O. ,1981.

d. 地方政府部门

出自地方政府部门的文献,取所属的管辖范围(如省、州、郡、市、县等)惯用名称作标目。对于重名政府可以用辖区的英文类别名称、专门词语、政权年代加以区别。并将其置于圆括号内。

标目形式为:

地名(附加成分). 部门名称. 单位名称.

例1:

New York(N. Y.). Fire Department.

　　Annual statistics/Fire Department, City of New York. —New York: The Department, 1978.

例2:

New York (State). Division of Criminal Justice Services.

　　Five year summary of felony case processing, 1975—1979, preliminary report/NYS Division of Criminal Justice Services. —Albany: The Division, 1980.

e. 政府部门特殊类型文献

出自中央政府部门或地方政府部门特殊类型的文献,除了以管辖范围的惯用名称作标目外,并以文献的体裁等作统一题名。这些文献包括:

宪法

属于一个管辖范围的宪法,取管辖范围的惯用名称作标目,用"Constitution"作统一题名。必要时,在统一题名后注明该宪法正式通过的年代,并置于方括号内。

标目形式为:

管辖范围名称.

　　[Constitution(正式通过的年代)]

例:

China.

[Constitution (1978)]

The constitution of the People's Republic of China: adopted on March 5, 1978 by the fifth National People's Congress of the People's Republic of China at its First Session. —Beijing: Foreign Languages Pr. , 1978.

法律

对于行使于一个管辖范围的法律及法律汇编,取管辖范围的惯用名称作标目,用"Laws, etc."作统一题名。

标目形式为:

管辖范围名称.

[Laws, etc.]

例:

Great Britain.

[Laws, etc.]

Consumer law statutes. —2nd ed. amended and rev. —London: Monitor Pr. , 1980.

[5], 319 p. ;21 cm.

条约与协定

两国政府间的双边条约与协定,取按英文字顺排列在首位的一方作主要款目标目,为另一方订约国编制附加款目,用"Treaties, etc. 订约国,订约年月日"作统一题名。

标目形式为:

国名.

[Treaties, etc. 订约国,订约年月日]

例:

Great Britain.

[Treaties, etc. Japan, 1981 Feb. 13]

Agreement for the exchange of postal payment orders between the United Kingdom of Great Britain and Northern Ireland and Japan: Tokyo, February

118

13, 1081…

三国间的多边条约与协定,若一国政府为一方,其他两国政府为另一方时,取作为一方的一国政府作主要款目标目。若不属于此种情况,取按英文字顺排在首位的一方作主要款目标目。两者均用"Treaties, etc. 订约年月日"作统一题名。

3. 学术机关团体

学术机关是事业性的机构,学术团体是群众性的组织。现在,这种学术机关团体在国际上或世界各国内越来越多。它们对推动学术研究和科学技术的发展起着极其重要的作用。

学术机关包括科学院、大学、学院、研究所、实验室、天文台、图书馆、博物馆等。

学术团体包括学会、协会等。

凡属出自前面所述的六大类型机关团体的文献,若只有三个以内的团体责任者时,以第一个学术机关团体的惯用名称作主要款目标目,为第二学术机关团体编制附加款目。

标目形式为:

学术机关团体名称.

例1:

University of British Columbia. Library.

A check list of printed materials relating to French Canadian literature:〔holdings of the University of British Columbia〕= Liste de référence d'imprimés relatifs à la littérature canadienne – frangaise:〔inventaire de… la Bibliothèque de l' Universite de Colombie Britannique〕/Gé rard Tougas. — Vancouver:University of British Columbia Library, 1958.

93 p. ;22 cm.

English and French.

例2:

University of Agricultural Sciences.

Objectives and achievements of the University. —Bangalore: Univ. of

Agricultural Sciences, 1978.

15 p. ;23 cm. —(UAS infn. series;no. 5)

例3：

Canadian Institute of Chartered Accountants.

Corporate reporting: its future evolution/Canadian Institute of Chartered Accountants. —Toronto:The Institute. c1980.

107 p. ; 23 cm. —(Research study/Canadian Institute of Chartered Accountants)

在此只论及出自三个以内的学术机关团体的标目选取原则，其他社会团体(如:宗教社团)的标目选取原则与此大同小异,在这里不详细叙述了。

三、机关团体标目中的若干问题

1. 机关团体名称的形式

在西文文献中,同一机关团体名称的形式多样,时而用全称,时而用简称,时而用英文名称,时而用法文名称,时而用德文名称。这一切都是机关团体名称中常见的现象。

面对上述罗列的复杂情况,可以按照下列方法处理。

(1)语种

同一机关团体名称在文献中出现不同语种的名称时,依次选用该团体的官方语文的名称,机关团体的英文名称或出版物中载有的显著名称作标目。

(2)译名

同一机关团体在文献中出现不同译名时,按照文献中所载的显著译名,英文意译名、法文意译名、德文意译名、西班牙文意译名的顺序选择标目名称。一般不选音译名。

(3)全称与简称

同一机关团体在文献中出现全称与简称时,首先选择机关团体的惯用名称;无惯用名称,选择文献主要信息源中出现的名称形式;全称与简称同时出现在文献的主要信息源中,则选择显著名称形式;无此种名称形式可选择具有识别性的简称形式作标目。

2. 机关团体更名

机关团体因为调整、合并、分设等原因,致使有的机关团体一分为二,有的机关团体合二而一,有的机关团体宗旨发生变化,因而更改了机关团体名称。对于更名后的机关团体应当如何选择标目呢? 柳别茨基认为机关团体更名与个人著者改名不能同等看待。个人著者无论怎样更改姓名,毕竟是同一个人,其本体未变。而机关团体则不同,机关团体一旦在组织机构、宗旨等方面发生各种变化,这些变化通常在机关团体名称中得到反映。因而,更名后的机关团体可作为另一个机关团体对待。《英美编目条例》(第 2版)赞同这一见解,并规定采用分段著录法处理机关团体的新名与旧名,即分别用机关团体的新、旧名称作标目,并为其编制相互参照。《西文文献著录条例》采用了《英美编目条例》第 2 版的做法。

3. 分级标目与层次取舍

附属于某一机构的机关团体名称在西文文献出现时,往往是附属的机关团体名称在前,上级机关团体名称在后。当然也有上级机关团体名称在前,附属的机关团体名称在后的现象。著录这类文献时,倘若属于机关团体标目六大范围内的文献,一般是由上至下分级著录机关团体名称。

例:

原题:

Department of Technical Co – operation for
Development, United States

标目:

United States. Department of Technical

Co – operation for Development.

原题:

East Asian Institute of Columbia University

标目:

Columbia University. East Asian Institute.

对于多层次的机关团体名称,其副标目的选定以可识别为准,不影响识别的中间一级的机关团体名称均可省略,直接著录下一级附属机关团体名称。否则,不得省略任何一级机关团体名称。

例1:

标目使用:

United States. Office of Human Development Services.

标目不用:

United States. Department of Health Education, and Welfare. Office of Human Development Services.

例2:

标目使用:

United States. Treasury Department. Bureau of Accounts.

标目不用:

United States. Bureau of Accounts.

例3:

标目使用:

United States. Commerce Commission. Bureau of Accounts.

标目不用:

United States. Bureau of Accounts.

4. 机关团体名称的补充说明

为了确保标目的唯一性,对于同名的或性质不明确的机关团体名称,可以用下列术语进行补充说明,以示区别。补充说明的文字著录在所需说明的机关团体名称之后,并置于圆括号内。

(1)表示性质的识别词做补充说明

Bounty (Ship)

122

Friedrich Witte（Firm）

（2）用国名、州名、省名做补充说明

National Gallery（Great Britain）

National Gallery（South Africa）

Republican Party（I11.）

Republican Party（Mo.）

（3）用机关团体所在地做补充说明

Roosevelt Junior High School（Eugene）

Roosevelt Junior High School（San Francisco）

（4）用创始年做补充说明

Scientific Society of San Antonio（1892－1894）

Scientific Society of San Antonio（1904－　）

第四节　会议录标目

一、会议与会议文献的发展概况

会议有多种内容,本节以讨论学术会议及其文献的著录问题
为主。

1. 会议类型

学术会议是在科学发展和科学交流的过程中逐渐形成的。在
科学发展的早期,传递情报的主要手段是人与人之间的口头交流
或通信交流。i7 世纪中出现了科学学会。自成立学术机关团体
以来,会议是人们交流情报,公布科研成果的场所,是获得难得文
献的主要途径,是及时全面地了解有关领域发展动向的重要渠道,
是探讨各自领域中新问题的场合,是商品交易的集会。

会议是为了讨论或从事共同感兴趣的课题而举行的集会。会
议的类型是多种多样的。按照不同标准,会议的类型可作如下

划分:

第一,按不同的组织范围划分。可分为国际会议、地区性会议、全国性会议、全市性会议等。此类会议的名称中通常有表示会议范围的类属词。如:

International···	国际……
World···	世界……
National···	全国……
Amsterdam···	阿姆斯特丹……
IEEE···	美国电气电子工程师协会……
East···	东部……

第二,按不同的会议形式划分。可分为:

Annual Conference	年会
Annual Meeting	年会
Colloquium	学术讨论会
Conference	会议
Congress	代表大会
Convention	非常会议
Council	政务会、议事会、理事会
Exhibition	展览会
Exposition	博览会
Fair	博览会、商品交易会
General Assembly	联合国大会、常会、全会
Meeting	会议(泛指)
Seminar	(小型)讨论会、学术讨论会
Session	分会、届会
Symposium	专题讨论会
Workshop	研讨会、现场会

第三,按会上宣读论文的不同数量划分。英国专业图书馆与

124

情报局协会(Aslib)有人按会议宣读论文的多寡把会议分成以下四等:

提出论文 1 至 8 篇为小型会议;

提出论文 9 至 25 篇为中型会议;

提出论文 26 至 80 篇为大型会议;

提出论文 81 篇以上为特大型会议。

2. 学术会议文献的类型与出版形式

机关团体通常要把会议上宣读、讨论的论文或会议文件等汇编成册,这就是会议文献。会议文献按发表时间可分为会前文献与会后文献两大类。

会前文献包括会议日程表、会议议程、会议论文预印本和论文摘要等。这类文献有的公开发行,有的不对外发行,只向与会者供应。

会后文献是指会议结束后,经主办单位(或其他机构)整理、编辑出版的正式文献,我们称之为会议录。它的内容比较系统完整,但出版速度较慢。会后文献的出版形式,一般有以下几类:

(1)图书:将会议文献按专题汇编成论文集,有一个专门书名,以图书形式公开出版。

(2)连续出版物:会议文献有的按会议的届次顺序出版,采用会议名称作为会议录的名称;有的通过某些学术机构以丛书、丛刊形式出版;还有的在期刊上以特刊或专辑的形式发表。

(3)科技报告:会议文献在科技报告中发表。例如:AD046471就是美国 1977 年的一次世界战略机动性会议文集。

会议文献的特点主要表现在:传递情报比较及时;传递的情报针对性较强;兼有直接交流和文献交流这两种交流方式的长处。

二、会议录标目选取原则

1. 规定的信息源

会议录是一种连续出版物,一般以正式的会议名称作主要款目标目。可是,正式的会议名称时而出现在封面,时而出现在序言,时而出现在书名页。因而,《西文文献著录条例》明确规定会议录标目的主要信息源为题名页。

2. 学术会议

(1)学术会议录取题名页中正式会议名称作主要款目标目。

标目形式为:

正式会议名称(届次 : 开会日期 : 会址)

例:

书名页(Title page):

> Proceedings of the
>
> 27th International Geological Congress
>
> Moscow 4 – 14 August 1984
>
> _____
>
> MATHEMATICAL GEOLOGY AND
>
> GEOLOGICAL INFORMATION
>
> VNU SCIENCE PRESS
>
> Utrecht, The Netherlands
>
> 1984

主要款目(Main entry):

International Geological Congress (27th:1984:Moscow)

Mathematical geology and geological information: proceedings of the 27th International Geological Congress, Moscow, 4 – 14 August, 1984. — Utrecht, The Netherlands:VNU Science Pr. , 1984.

viii, 298 p. :ill. ;24 cm.

(2)题名页上无正式会议名称的会议录,而主持会议的机构名称反映在题名页上,其会议内容论及该机关团体的内部政策、程序及活动时,取机构全名作主要款目标目。

标目形式为：

机关团称名称. 会议名称（届次：开会日期：会址）

例：

题名页（Title page）：

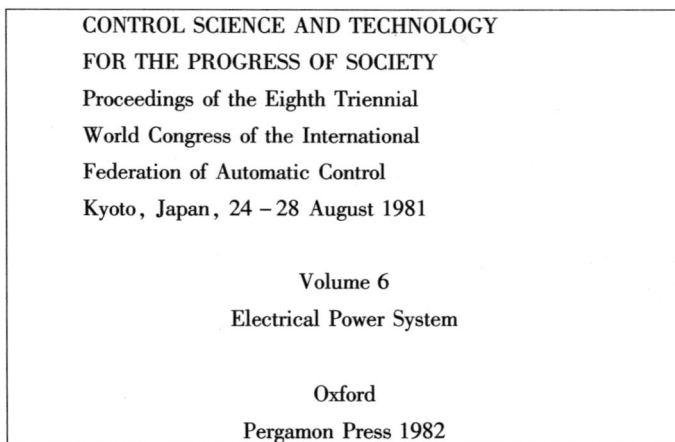

CONTROL SCIENCE AND TECHNOLOGY

FOR THE PROGRESS OF SOCIETY

Proceedings of the Eighth Triennial

World Congress of the International

Federation of Automatic Control

Kyoto, Japan, 24 – 28 August 1981

Volume 6

Electrical Power System

Oxford

Pergamon Press 1982

主要款目（Main entry）：

International Federation of Automatic Control. Congress（8th：Kyoto：1981）

Control science and technology for the Progress of Soci – ety：proceedings of the⋯. —Oxford · Pergamon, 1982 –

V. ；24 cm.

Contents：v. 6 Electrical nower system.

这类文献的标目选取应注意一点，标目中的会议名称实为会议的称谓。

（3）题名页既无正式会议名称又无主持会议机构，取题名作主要款目。

标目形式为：题名

例：

题名页（Title page）：

主要款目(Main entry),

Orthogonal expansions and their continuous analogues: proceedings of a
conference held at Southern Illinois University, Edwardville. April 27 –
29, 1967/edited by Deborah Tepper Haimo…

3. 政党会议

各国政党代表大会的会议文献,依据题名页取党名、会名作主
要款目标目。

标目形式为:

党名. 会议名称(届次 : 开会日期 : 会址)

例:

题名页(Title page):

The Twelfth National Congress of the CPC September 1982

(Chinese documents)

Foreign Languages Press

Beijing 1982

主要款目(Main entry):

Communist Party of China. National Congress (12th:1982:Beijing)

The twelfth National Congress of the CPC, September1982: Chinese
documents. —Beijing:Foreign LanguagesPr. ,1982.

4. 政府会议

政府会议文件以国名、会议名称作主要款目标目。

标目形式为:

国名. 会议名称(届次 : 开会日期 : 会址)

例：

题名页（Title page）：

Documents of the First Session of the

Fifth National People's Congress of the

People's Republic of China

Foreign Languages Press

Beijing 1978

主要款目（Main entry）：

China. National People's Congress（5th, 1st Session:1978:Beijing）

Documents of the First Session of the Fifth National Peopie's Congress of the People's Republic of China. —Beijing:Foreign Languages Pr. ,1978.

三、会议名称标目中的若干问题

1.会议名称除冠词、介词及连接词外，其它各词的首字母均大写。

例：

International Symposium on Information Theory

（1985:Brighton, England）

Seminar on Law and Aging（1980:College of Law,University of Kentucky）

2.会议的届次用序数词的缩写形式著录，如:2nd,3rd, 4th……。但第 1 届会议的届次不著录。

例：

Symposium on Theoretical Computer Science（6th:1983 Dortmund）

Workshop on Soil and Water Conservation（1977:University of Nairobi）

3.开会日期在标目中一般只著录开会年代。如果同一会议在同一年里召开两次或多次，则用开会的具体日期加以区别。

例：

Conférence Agricole Interalliée（1st:1919 Feb 11 – 15:…）

第五节 题名标目

西文文献基本上以文献的责任者(即:个人著者、机关团体责任者、会议名称)为主要款目标目。但是,在一定的条件下,西文文献也取题名作主要款目标目。从目前西编的情况看来,题名为主要款目标目有增长的趋势。例如,编者编辑的文献在传统西文著录条例中一般是以编者作主要款目标目,而当今的《西文文献著录条例》和《英美编目条例》(第2版与第2版修订本)均已改为题名作主要款目标目。主要款目以题名作标目时,其著录格式采用悬行格式(见第四章第四节)。

1.题名标目选取原则

西文文献中采用题名作主要款目标目的情况如下:

(1)四个及四个以上分担责任者(个人或机关团体)的文献,以题名作主要款目标目,为第一个责任者和编者编制附加款目。

例:

题名页(Title page):

A GUIDE TO CONTROLLING YOUR
CORPORATION'S FUTURE
RUSSELL L. ACOKOFF
JAMSHID GHARAJEDAGHI
The Wharton School
University of Pennsylvania
ELSA VERGARA FINNEL
F. GERARD ADAMS
Phoebe Memorial Hospital
Albany, Georgia
JOHN WILEY & SONS
New York Chichester Brisbane Toronto
Singapore

主要款目（Main entry）：

A Guide to controlling your corporation's

future/Russell L. Acckeff…[et al.]. —

New York：Wiley, c1984.

vii, 165 p. ；ill. ；24 cm.

Bibliography：p. 159.

Includes index.

ISBN 0 – 471 – 882113 – 5

（2）著者名称不明，无法肯定或无著者的佚名著作（Anonymous works），以题名作主要款目标目。

例：

A Memorial to Congress against an increase of

duties on importations/by citizens of Boston and vicinity

（3）为儿童意译、改写的著作，或者体裁发生变化的改写本，在无改写者的情况下取题名作主要款目标目。

例：

原题：

The Pilgrim's progress：for the young…

注：该书是为青少年改写的文献，可是无改写者。

主要款目：

The Pilgrim's progress：for the young…

（4）在编者指导下收集或摘录多个著者独立著作的汇编本，若题名页上有总题名，取总题名作主要款目标目。

例：

Economics of the environment：selected

readings/edited by Robert Dorfman

and Nancy S. Dorfman…

（5）非真实或假造著者名称的文献，在查不出其真实或熟知的著者名称时，取题名作主要款目标目。

（6）百科全书、字典及人名录以题名作主要款目标目。

例：

Webster's new biographical dictionary. —

    Springfield, Mass. :Merriam, 1983

    1130 p. ;26 cm

Chambers's biographical dictionary/edited by

    J O Thorne and T. C. Collocott—Rev ed

    —Edinburgh:Chambers, 1986

    1493 p. ;26 cm.

（7）既无正式会议名称又无主持会议机构的会议录,取题名作主要款目标目。

例：

Orthogonal expansions and their continuous analogues: proceedings of a conference held at Southern Illinois University, Edwardsville, April 27 – 29,1967/edited by Deborah Tepper Haimo…

2. 统一题名

何谓统一题名? 统一题名有二种涵义。其一,当一部著作(尤其是名著)由于有不同的版本和译本而具有多个不同的题名和题名形式时,为了在目录中集中同一著作的不同版本和译本,在编目时选定的一个题名及题名形式。其二,当个人著者、作曲家的作品或机关团体出版物中包含有若干篇作品(或文摘)时,例如:全集、选集、文集、作品集,为了集中同类出版物而选用的题名,如:works, selections, poems,symphonies 等。

那么,在什么情况下使用统一题名? 统一题名有哪些形式呢? 现分述如下。

1. 对于西方古典名著(如:史诗、民间历史故事等)和各种宗教经书,均用统一题名作主要款目标目。

标目形式为:

统一题名. 语种. 文本. 出版年.

例 1:

Arabian nights. English

　　Stories from the Thousand and one nights/translated by
Edward William Lane;revised by Stanley Lane – Poole. —New York;P. F.
Collier ［c1900］

　　460 p. ;23cm. —(The Harvard classics)

　　With introduction, notes and illustration

例2:

Bible. English. Selection. 1986.

　　Longman guide to Bible quotations/Kenneth McLeish,Valerie McLeish. —
Horlow, Essex;Longman, 1986

　　vi, 415 p. ;23 cm

　　Includes index.

　　ISBN 0 – 582 – 55573 – 6;￥63. 47

Bible N T. English. 1909.

　　The reference passage Bible;New Testament;comprising all of the books of
the New Testament complete, arranged in topics, with the reference passages
given in full text upon the same page to facillitate their use, without
comment/compiled by I N Johns—Lincoln;Apha Pub Co. ,1909

常见经书的统一题名有:

Bible.	圣经(基督教)
Bible. O. T	旧约
Bible. N. T	新约
Koran.	可兰经(伊斯兰教)
Avesta.	波斯古经
Tripitaka	三藏(佛教)
Vedas.	吠陀经(印度教)

统一题名作主要款目标目应注意以下几个问题:

(1)统一题名作主要款目标目时,其标目不必置于方括号内。

(2)采用段落式标识符号法著录文献。

（3）在统一题名标目中可选用"语种、文本、出版年"这些附加成分。

2.集中同一责任者同类出版物而选用统一题名。单部作品通常取最为人所熟知的题名作统一题名,唯独我国单部作品用汉语拼音题名作统一题名。作品集可选用下列术语作统一题名。

Works	全集
Selections	选集
Correspondence	通信集;书信集
Essays	散文集;小品文集
Novels	小说集
Plays	戏剧集
Poems	诗集
Prose works	散文集
Short stories	短篇小说集
Speeches	演说集

例1:

Shakespeare, William

[Works]

The complete works of William Shakespeare

/edited by Peter Alexander. —London:Collins, 1981

647 p;20 cm

Shakespeare, William

[Romeo and Juliet]

The most excellent and lamentable tragedy of Romeo and Juliet. —Harmondsworth, Middlesex:Penguin. [1955]

155 p. ;21 cm.

Shakespeare, William.

[Romeo and Juliet]

Romeo and Juliet/edited by Brian Gibbons. —London: Methuen, 1980.

xii, 280 p. : 20 cm.

The Arden edition of the works of William Shakespeare

ISBN 0 –46 –17860 –X (pbk): ￥9.28

例 2:

Cao, Xue – qin.

[Hongloumeng. English]

A dream of red mansions/Tsao Hsueh – chin; translatedby Yang Hsien – yi and Gladys'Yang. —Beijing: ForeignLanguages Pr. , 1978 – 1980.

4 v. : ill. ; 23 cm.

统一题名在宪法、法律、法规、条约、协定等政府部门特殊类型文献中的使用在本节不——叙述,详细情况见本章第三节。

思考题

1. 个人著者姓名的构成特点及其著录方法。

2. 机关团体名称标目的适用范围。

3. 标目作用与主要款目标目选取原则。

4. 标目与检索点的异同。

5. 多姓名著者采用什么方法统一标目,各种方法的利弊。

6. 机关团体改名的处理方法及其利弊。

参考文献

1. AACR2、ISBD 的应用及会议出版物著录的若干问题. 刘光伟. 西文图书编目标准化与自动化研讨会会议录. 北京:北京大学图书馆,1983:11 –20

2. AACR2 中统一题名的使用. 韩荣宇. 西文图书编目标准化与自动化研讨会会议录. 北京:北京大学图书馆,1983: 45 –53

3. 个人著者标目的结构与形式. 苗惠生. 西文图书编目标准化与自动化研讨会会议录. 北京:北京大学图书馆,1983:26 –36

4. 关于西文编目中的团体标目问题. 王秀兰. 图书馆学刊,1984(2):40 –45

5. 团体责任者标目. 裴金铃,图书馆学研究. 1988(4):58 –61

6. 西文会议录编目规则商榷. 张蕴珊. 图书馆通讯,1988(2):28 – 32

7. 西文文献标目选取图例. 丘东江,刘佩琳. 图书馆学通讯,1988(4):52 – 61

第六章　辅助著录

　　辅助著录是对基本著录的补充,即从各个不同的角度对同一文献加以更加全面揭示,或者反映标目间的相互关系。辅助著录包括附加著录、分析著录和参照法。

　　19世纪,在使用卡片目录以前,目录的主要形式是书本式。1856年出版的一本题为《图书馆编目方法》的小册子中曾指出:"目录不能没有索引,索引的职能与目录本身完全不同。目录是图书馆藏书的一览表,它必须全面、准确地描述每一种图书。索引的职能则仅仅是向读者指出怎样找到一本书,索引必须按字顺排列,而目录则不一定限于字顺;索引不一定要完整地著录书名,而目录必须著录齐全。"这里所指的索引是书本式目录的索引。英国许多图书馆的分类目录(一般是卡片式)就是按照这个想法设计的。这种分类目录由分类档作主体,著者、书名字顺索引和类名字顺索引则作为索引出现,以组成三位一体的目录。

　　一般的卡片目录不编制索引,但要编制各种辅助款目。辅助款目从某种意义上说,它起着索引的部分作用。

　　编制辅助款目的主要目的是为了补充主要款目的不足,使目录能从多种途径全面、系统、准确地反映馆藏某一特定责任者的各种著作以及某一特定著作的各种版本或译本,从而最有效地完成字顺目录的职能。目录是由各种款目按照一定的顺序排列而成的。一个款目在目录中只有一条检索途径,多编制一个款目就可以多增加一条检索途径。因此,编制各种辅助款目可以在目录内对某一特定著作进行不同方面、不同角度的揭示。换言之,对某一特定著作,不仅从责任者而且从书名、主题进行揭示;不仅从主要责任者、正书名而且从主要责任者以外的其他作者,从交替书名、篇名等进行揭示。当然,辅助款目的编制可以达到上述目的,但也要有一定的限制,而不是愈多愈好。目前,我国图书馆的情况是对辅助款目的编制重视不够。

辅助款目的编制应根据各馆目录体系的设置情况、藏书情况以及人力条件来决定。读者目录和公务目录对于辅助款目的编制各有不同。辅助款目的职能主要是为读者提供多个检索途径,故一般用于读者目录,而不用于公务目录。

第一节　附加著录

西文文献附加著录包括责任者附加著录、题名附加著录、名称/题名附加著录、分类附加著录等(主题和分类附加著录不在本章讲述)。附加著录在目录中是以附加款目的形式出现的。附加款目(Added entry)是指在同一目录中利用次要特征重复反映同一文献而编制的款目。

一、责任者附加款目

1. 责任者附加款目编制原则

(1)三个以内的分担责任者合著的文献,取主要责任者或第一个责任者作主要款目标目,为其他责任者编制附加款目。

例1:

Holiday, Billie.

　　Lady sings the blues/Billie Holiday with William Dufty

Ⅰ. Dufty, William, jt. auth. Ⅱ. Title.

此书取主要责任者"Holiday, Billie."作主要款目标目,为"Dufty, William, it. auth."编制附加款目。

例 2:

Sawyer, Phyllis.

Aerobic dancing, a step at a time/phyllis Sawyer and Pat Thornton. — Chicago:Contemporary Books, c1981.

Ⅰ. Thornton, Pat, jt. auth. Ⅱ. Title.

此书取"Sawyer, Phyllis."作主要款目标目,为合著者"Thornton, Pat, jt. auth."编制附加款目。

(2)四个及四个以上的分担责任者合著的文献,取题名作主要款目标目,为第一个责任者和编者编制附加款目。

例 1:

Anglo – American cataloguing rules/prepared

by the American Library Association…

[et al.];edited by Michael Gorman and

Paul W. Winkler. —2nd ed.

Ⅰ. Gorman, Michael, ed. Ⅱ. Winkler, Paul Walter, ed. Ⅲ. American Library Association.

此书取书名作主要款目标目,分别为第一个提出者"American Library Association"、编者"Gorman, Michael, ed."和"Winkler, Paul Walter, ed."编制附加款目。

例 2:

Teenage motherhood, social and economic conse –

quences/Kristin A. Moore…[et al.]. —Washington.

D. C. :The Urban Institute, 1979.

I. Moore, Kristin A.

此书取正书名作主要款目标目,为第一责任者"MooreKristin A."编制附加款目。

(3)一书的修订本、改写本以及图文并茂的作品,若取原著者

或撰文者作主要款目标目,为修订者、改写者、插图者编制附加款
目。反之亦然。

例1:

Kroeger, Alice Bertha.

　Guide to the study and use of reference books/by Alice Bertha Kroeger. —
3rd ed./revised throughout and much enlarged by Isadore Gilbert Mudge

　Ⅰ. Mudge, Isadore Gilbert. Ⅱ. Title.

此例取原著"Kroeger, Alice Bertha."作主要款目标目,为修订者
"Mudge, Isadore Gilbert."编制附加款目。

例2:

Day, Jenifer W.

　What is a bird?/by Jenifer W. Day;illustrated by Tony Chen

　Ⅰ. Chen, Tony, ill. Ⅱ. Title.

此例取"Day, Jenifer W."作主要款目标目,为插图者"Chen,
Tony, ill."编制附加款目。

(4)一书的节写本、注释本或译本取原著者作主要款目标目,
分别为节写者、注释者、译者编制附加款目。

例1:

Darwin, Charles.

　The origin of species/Charles Darwin; abridged and ntroduced by Philip
Appleman.

　Ⅰ. Appleman, Philip. Ⅱ. Title.

此例取原著者"Darwin, Charles."作主要款目标目,为节写者
"Appleman, Philip."编制附加款目。

例2:

Linhart, Robert.

　The assembly line/by Robert Linhart;translated by Margaret Crosland. —
Amherst:University of Massachusetts Press, 1981.

　Ⅰ. Crosland, Margaret, tr. Ⅱ. Title.

此例取原著者"Linhart, Robert."作主要款目标目,为译者

140

"Crosland, Margaret, tr."编制附加款目。

(5)传记取作传人作主要款目标目,为被传人编制附加款目。

例:

Bunting, James.

Charles Darwin/by James Bunting.

Ⅰ. Darwin, Charles. Ⅱ. Title.

此传记取作传者"Bunting, James."作主要款目标目,为被传者"Dawin, Charles."编制附加款目。

(6)字典、百科全书、名人录、书信集、通信集、多人文集、编者编辑的文献(不包括三个以内的编者编的书目、索引、文摘)以及因编者而闻名的连续出版物均可为编者或编纂者编制附加款目。

例1:

Von Neumann, John.

John von Neumann collected works/general editor, A. R. Taub. —Oxford: Pergamon, 1961 –

Ⅰ. Taub, A. R. , ed. Ⅱ. Title.

该文集取"Von Neumann, John."作主要款目标目,为总编者 "Taub, A. R. , ed."编制附加款目。

例2:

The New encyclopaedia Britannica/Philip

W. Goetz, editor – in – chief. —15th ed. —Chicago: En. cyclopaedia Britannica Educational Corp. , 1988.

32 v.

Ⅰ. Goetz, Philip W. , ed.

该百科全书取书名作主要款目标目,为总编辑"GoetzPhilip W. , ed."编制附加款目。

例3:

Science and our future/edited by Paulos Mar

Gregorios. —Madras: Christian Literature Society.

1978.

Ⅰ. Gregorios, Paulos Mar, ed.

此例为多人文集取书名作主要款目标目,为编者"Gregorios, Paulos Mar, ed."编制附加款目。

(7)国家元首及政府首脑代表政府机关团体所做的官方报告,用国名、官职、任期及个人的姓或姓名作主要款目标目,亦为其个人姓名编制附加款目。

例:

United States. President (1861 – 1865:Lincoln)

Letters and proclanmations of the President

Ⅰ. Lincoln, Abraham, 1809—1865. Ⅱ. Title.

此例取"United States. President (1861 – 1865:Lincoln)"作主要款目标目,为"Lincoln, Abraham."编制附加款目。

(8)两国或三国政府间的条约或协定,取一方为主要款目标目,为其它各方分别编制附加款目,其统一题名部分不加方括号。

附加款目标目形式为:

国名. Treaties, etc. 订约国,订约年月日

例:

Denmark.

[Treaties, etc. Great Britain, 1966 Mar. 3]

Agreement between the Government of the United Kingdom of Great Britain and Northern Ireland and A he Kingdom of Denmark relating to the delimitation of the continental shelf between the two countries: London, 3 March 1966.

Ⅰ. Great Britain. Treaties, etc. Denmark, 3 Mar. 1966

Ⅱ. Title.

该协定取"Denmark."作主要款目标目,并将统一题名置于方括号内。为订约国"Great Britain. Treaties, etc. Denmark, 3 Mar. 1966"编制附加款目。

(9)具有两个会议名称的会议录,取第一个会议名称或小会

名称作主要款目标目,为另一个会议名称编制附加款目。

例:

International Vacuum Congress (7th:1977:Vienna)

Proceedings of the International Vacuum Congress and the Third International Conference on Solid Surfaces

Ⅰ. International Conference on Solid Surfaces (3rd 1977:Vienna)

该会议录取"International Vacuum Congress(7th:1977:Vienna)"作主要款目标目,为"International Confe – rence on Solid Surfaces(3rd:1977:Vienna)"编制附加款目。

(10)以题名作主要款目标目的会议录,为编者以及为出现在主要信息源以外的会议名称编制附加款目。

例:

Orthogonal expansions and their continuous

analogues:proceedings of a conference held at Southern Illinois University, Edwardville, April 27—29 1967/edited by Deborah Tepper Haimo

Ⅰ. Haimo, Deborah Tepper, ed.

该会议录取题名作主要款目标目,为编者"Haimo,Deborah Tepper,ed."编制附加款目。

2. 责任者附加款目编制方法

附加款目编制方法大致可归纳为以下两种:

(1)单元片加工法,即在单元片标目上端缩入两个字母著录附加款目标目。若附加款目标目移行时,以自身为基准再缩入两个字母接着著录。

用单元片加工责任者附加款目的著录格式:

索书号	责任者 责任者作主要款目标目.

　　　　正题名［一般文献类型标识］＝并列题名:副题名及说明题名文字／第一责任说明;混合责任说明. —版本说明／与本版有关的责任说明. —文献特殊细节项. —出版发行地:出版发行者,出版发行日期(制作地:制作者,制作日期)

　　　　文献数量及其单位:图表及其他形态细节;尺寸＋附件说明. —(正<u>丛</u>编名＝并列<u>丛</u>编名:副<u>丛</u>编名及说明丛编名文字／<u>丛</u>编责任说明,国际标准连续出版物号;<u>丛</u>编号.附属<u>丛</u>编名)

　　　　附注项

　　　　国际文献标准编号　　(装订形式)

　　价格

○

例 1:

G254 H916	Bakewell, K. G. B. , jt. auth. Hunter, Eric J.

　　　　Cataloguing／Eric J. Hunter and K. G. B. Bakewell. —2nd, rev. and expanded ed. —London:Clive Bingley, 1983.

　　　　xix, 222 p. ;23 cm.

　　　　Includes bibliographies and index.

　　　　Ⅰ. Bakewell, K. G. B. , jt. auth. Ⅱ. Title.

○

例 2:

```
            Yang, Xian – yi, tr.
I242.4      Cao, Xue – qin.
C235           [Hongloumeng. English]
            A dream of red mansions/Tsao Hsueh – chin; translated by
            Yang Hsien – yi and Gladys Yang. —Beijing: Foreign
            Languages Pr. , 1978 – 1980.
               4 v. : ill. ; 23 cm.
```

⭘

用单元片加工责任者附加款目著录格式：

```
            责任者.
索书号      正题名［一般文献类型标识］＝并列题名：副题名及说明
            题名文字/第一责任说明；混合责任说明. —版本说
            明/与本版有关的责任说明. —文献特殊细节项. —
            出版发行地：出版发行者，出版发行日期（制作地：制
            作者，制作日期）
            文献数量及其单位：图表及其他形态细节；尺寸＋附
            件说明. —（正丛编名＝并列丛编名：副丛编名及说明丛编
            文字/丛编责任说明，国际标准连续出版物号；丛编号. 附
            属丛编名）
            附注项
            国际文献标准编号（装订形式）：价格
```

⭘

例:

```
                  American Library Association.
G254.31           Anglo – American cataloguing rules/
An46              prepared by the American Library Association … [ et al. ] ;
                  edited by Michael Gorman and Paul W. winkler. —
                  Chicago: American Library Asso ciation; Ottawa: Canadian
                  Library Association, 1978.
                  620 p. ;26 cm.


                            ○
```

　　利用单元片加工附加款目的优点是方法简便易行,附加款目标目醒目,便于文献排检。但应注意一点,必须使用主要款目的单元片进行加工。

　　(2)采用"划红线"方法编制附加款目。即利用单元片在责任者附加款目标目下划红线。

　　例:

```
G254.31           Anglo – American cataloguing rules/
An46              prepared by the American Library Association … [ et al. ] ;
                  edited by Michael Gorman and Paul W. Winkler. —
                  Chicago: American Library Association; Ottawa: Canadian
                  Library Association, 1978.
                  620 p. ;26 cm.


                            ○
```

　　采用"划红线"方法编制责任者附加款目方法虽然简单,但是附加款目标目不醒目,不利于排检文献。此方法还有其他的局限性:第一,责任说明中的责任者是照主要信息源著录的,并不是规范化的名称。第二,欧美国家的个人著者在责任说明中出现时,并

146

未颠倒姓名。因而,有的责任者附加款目无法采用此种方法加工。

二、题名附加款目

1. 题名附加款目编制原则

如何使用题名附加著录,这对采用字典式目录的图书馆和采用分立目录的图书馆是有区别的。

英、美图书馆采用的多是字典式目录,根据西文图书编目的惯例,对书名作附加著录是有限制的。1961 年国际编目原则会议的"原则声明"对以书名作附加著录或作参见,作了如下规定:"(1)已查出著者的佚名著作,(2)著作已用著者作主要款目,而书名是一种鉴别图书的重要交替方式,(3)著作已用机关团体作主要款目,但具有不包括该机关团体的名称的独特书名,(4)在例外情况下取编者作主要款目的文集。"显然,这种规定只适用于字典式目录。

采用分立目录的图书馆,即分别设立著者目录、书名目录、主题目录的图书馆,通常要为以个人著者或机关团体作主要款目标目的文献的题名编制题名附加款目。

例:

Easterlin, Richard Ainley.

 The fertility revolution: a supply – demand analysis/Richard A. Easterlin and Eileen M. Crimmins

  Ⅰ. Crimmins, Eileen M. , jt. auth. Ⅱ. Title.

该书取第一个著者"Easterlin, Richard A. "作主要款目标目,分别为合著者和正书名编制附加款目。

在字典式目录中,如以题名作主要款目标目时,或在分立目录中,对下列情况应为题名编制附加款目。

(1)为同一著作的其它书名编制附加款目。

例:

Wollstonecraft, Mary.

Maria, or, The wrongs of woman/by Mary Wollstonecraft; with an introduction by Moira Ferguson

Ⅰ. Title. Ⅱ. Title: The wrongs of woman

该书取个人著者"Wollstonecraft, Mary."作主要款目标目,分别为正书名与交替书名编制附加款目。

（2）以统一题名为主要款目标目的文献,为其原题名编制附加款目。

例:

Arabian nights. English.

More fairy tales from the Arabian nights/edited and arranged by E. Dixon; illustrated by J. D. Batten

Ⅰ. Dixon, E. Ⅱ. Title.

（3）丛书分散著录时,不仅要为各分册的正书名,而且要为丛书名编制附加款目或丛书名综合款目。但是,字典式目录对书名附加著录有一定的限制。

例:

Woodward, Ralph Lee, Jr.

Central America:a nation divided/Ralph Lee Woodward, Jr. —2nd ed. — New York:Oxford Univ. Pr. 1985.

390 p. ;ill. ;22cm—(Latin American histories)

Includes index.

ISBN 0 – 19 – 503592 – 5   ￥40.3

Ⅰ. Title. Ⅱ. Series

2. 题名附加款目编制方法

参照责任者附加款目的方法编制题名附加款目。

题名附加款目编制方法大致归纳为以下几种。

（1）用单元片加工题名附加款目著录格式:

	正题名.
索书号	责任者作主要款目标目.
	正题名［一般文献类型标识］＝并列题名：副题名及说明题名文字／第一责任说明；混合责任说明. —版本说明／与本版有关的责任说明. —文献特殊细节项. —出版发行地：出版发行者，出版发行日期（制作地：制作者，制作日期）
	文献数量及其单位：图表及其他形态细节；尺寸＋附件说明. —（正丛编名＝并列丛编名：副丛编名及说明丛编名文字／丛编责任说明，国际标准连续出版物号；丛编号. 附属丛编名）
	附注项
	国际文献标准编号（装订形式）：
	价格

○

例1：

	Cataloguing.
G254	Hunter, Eric J.
H916	Cataloguing/Eric J. Hunter and K. G. B. Bakewell. —2nd, rev. and expanded ed. —London：Clive Bingley, 1983.
	xix, 222 p. ;23 cm.
	Includes bibliographies and index
	Ⅰ. Bakewell, K. G. B. ,jt. auth. Ⅱ. Title.

○

例2：

```
                    The constitution of the Peoples Republic of China.
D92             China.
C532                [ Constitution ( 1978 ) ]
                    The constitution of the People's Republic of China : adopted
                on March 5 , 1978 by the Fifth National People's Congress of
                the People's Republic of China at its First Session. —Beijing :
                Foreign Languages Pr. , 1978.
                    41 p. : 21 cm


                                    ◯
```

（2）用"划红线"办法编制题名附加款目。即利用单元片在题名附加款目标目下划红线。

用"划红线"法加工的题名附加款目著录格式：

```
索书号      责任者作主要款目标目.
            正题名[一般文献类型标识] ＝并列题名：副题名及说明题
        名文字/第一责任说明；混合责任说明. —版本说明/与本版有
        关的责任说明. —文献特殊细节项. —出版发行地：出版发行
        者，出版发行日期（制作地：制作者，制作日期）
            文献数量及其单位：图表及其他形态细节；尺寸＋附件说
        明. —（正丛编名＝并列丛编名：副丛编名及说明丛编名文字/
        丛编责任说明，国际标准连续出版物号：丛编号，附属丛编名）
            附注项
            国际文献标准编号（装订形式）：
        价格


                                    ◯
```

    例：

三、名称╱题名附加款目

名称╱题名附加款目（Name – title added entry）是指标目由名称（个人著者姓名或机关团体名称等）和文献题名组成的附加款目。编制名称╱题名附加款目有助于加强修订本、改写本等与原著之间的联系。

1. 名称╱题名附加款目的编制原则

（1）在修订本的主要信息源上，明确反映原著者对修订本不再起责任者作用时，取修订者作主要款目标目，为原著者编制名称╱题名附加款目。

例：

Winchell. Constance M.

　　Guide to reference books. —Ith ed. /by Constance M. Winchell；based on the Guide to reference books. 6th ed. . by Isadore Gilbert Mudge...

　　Ⅰ. Mudge. Isadore Gilbert. Guide to reference books. Ⅱ. Title.

该书取修订者"Winchell，Constance M. "作主要款目标目，为"Mudge，Isadore Gilbert Guide to reference books. "编制名称╱题名附加款目。

（2）为儿童意译、改写的改写本，或者是体裁发生变化的改写本，取改写者作主要款目标目。为原著编制名称╱题名附加款目。

改写者无法肯定时取题名作主要款目标目,为原著编制名称/题名附加款目。

例:

Braun, Wilbur.

　　Great expectations: a dramatization based on Charles Dickens' all time great masterpiece: in three acts/by Alice Chadwicke

　　Ⅰ. Dickens, Charles. Great expectations. Ⅱ. Title.

该书取"Chadwicke, Alice."这一著者的惯用名称"Braun. Wilbur."作主要款目标目,为"Dickens. Charles Great exp-ections."编制名称/题名附加款目。

(3)载体形式发生变化的艺术品,取改作的艺术家作主要款目标目,为原作品编制著者附加款目或名称/题名附加款目。

(4)由编者指导下收集或摘录不同著者或同一著者专著的汇编本,题名页上无总题名,只有合订题名时,以第一篇专著的著者作主要款目标目,为其他各篇专著作名称/题名附加款目。

例:

Tauber, Maurice F.

　　Cataloging and classification/by Maurice F. Tauber. Subject headings/by Carlyle J. Frarey

　　Ⅰ. Frarey, Carlyle J. Subject headings. Ⅱ. Title.

2. 名称/题名附加款目编制方法

参照责任者附加款目的方法编制名称/题名附加款目。此处只详细介绍用单元片加工名称/题名附加款目的著录格式。

名称/题名附加款目著录格式:

索书号	名称. 题名.
	责任者作主要款目标目.
	正题名[一般文献类型标识] = 并列题名:副题名及说明题名文字/第一责任说明;混合责任说明. —版本说明/与本版有关的责任说明. —文献特殊细节项. —出版发行地:出版发行者,出版发行日期(制作地:制作者,制作日期)
	文献数量及其单位:图表及其他形态细节;尺寸 + 附件说明. —(正丛编名 = 并列丛编名:副丛编名及说明丛编名文字/丛编责任说明,国际标准连续出版物号;丛编号.附属丛编名)
	附注项
	国际文献标准编号(装订形式):
	价格

$\bigcirc$

例:

Z836	Kroeger, Alice Bertha. Guide to the study and use of reference books.
M884	Mudge, Isadore Gilbert.
	Guide to reference books. —5th ed. /by Isadore Gilbert Mudge. —Chicago:ALA, 1929
	xii, 370 p. ;25 cm.
	Includes index.

$\bigcirc$

第二节　分析著录

将文献中的一部材料分析出来,单独作为一个著录单位所进行的著录,称为分析著录。分析著录的结果是编制出各种分析款目(Analytical entry)。

一书中的重要篇章或有学术价值的附录,有独立部分的著者、题名、类别、主题等,图书情报部门应根据本馆的方针任务、材料的份量与价值予以分析著录,以达到不致遗漏任何重要资料的目的。

1.责任者分析款目

西文文献责任者分析款目既可以采用单元片加工的方法,也可以采用"In"分析法。

西文文献采用单元片加工的责任者分析款目:

例:

	Cowan, Jean C.
G254	Mason, Donald.
M381	A primer of non – book materials in library/by Donald Mason. —London:Association of Libraries Assistant, 1958.
	115 p. :ill. ;18 cm.
	With an appendix on Sound recordings by Jean C. Cowan.

○

西文文献采用"In"分析法编制的责任者分析款目格式:

索书号	析出责任者.
	析出正题名:析出副题名及说明题名文字/析出责任说明.—版本说明.—析出连续出版物的卷期号或年月顺序号.—析出出版发行地:析出出版发行者,析出出版发行日期.—文献数量:其他形态细节;尺寸.—附注项
	In 主要款目标目.正题名/责任说明.—版本说明.—连续出版物的卷期号或年月顺序号.—出版发行地出版发行者,出版发行日期

○

例1:

G254	Cowan, Jean C.
M381	Sound recordings/by jean C. Cowan. —p. 94 – 110;18 cm.
	In Mason, Donald. A primer of non – book materials in library. —London;Association of Libraries Assostant, 1958.

○

例2:

Waugh, Evelyn.
The loved one/by Evelyn Waugh. —p. 78—159;17cm.
In Horizon. —Vol. 17, no. 98(Feb. 1948)

○

2. 题名分析款目
西文文献采用单元片加工的题名分析款目:
例:

○

西文文献采用"In"分析法编制的题名分析款目著录格式：

索书号	析出正题名:析出副题名及说明题名文字
	/析出责任说明.—版本说明.—析出连续出版物的
	卷期号或年月顺序号.—析出出版发行地:析出出版
	发行者,析出出版发行日期.—文献数量:其他形态细
	节;尺寸.—附注项
	<u>In</u> 主要款目标目.正题名/责任说明.—版本说明.—
	连续出版物的卷期号或年月顺序号.—出版发行地:出版
	发行者,出版发行日期

○

例1：

G254	Sound recordings/by Jean C. Cowan
M381	.—p. 94 – 110;18 cm.
	<u>In</u> Mason, Donald. A primer of non – book materials in
	library. —London:Association of Libraries Assistant, 1958.

○

例2：

The loved one/by Evelyn Waugh. —

p. 78 – 159；17 cm.

<u>In</u> Horizon. —Vol. 17，no. 98（Feb. 1948）

○

注：析出的文献与原文献相同的项目不著录。

第三节　参照法

　　参照法（References）是指引读者从目录中一个标目或一部分去查阅另一部分的方法。参照又称为"引见"，其作用在于指引读者从多种途径检索文献，沟通和联系目录各个部分，有时一条参照甚至可以取代许多附加款目和分析款目。参照不是一条款目。它没有关于文献的物质外形和知识内容的记载，而是指引读者使用目录的方法。

　　参照按其作用可分为单纯参照、相关参照和一般参照。

一、单纯参照（"See" references）

　　单纯参照是指引读者从不用作标目名称（或类号）去查阅用作标目的名称（或类号）的一种方法，又称直接参照。它的具体做法是当题名、责任者等著录对象有两种或多种形式时，选择其中的一种形式作标目，为未被选用的形式作单纯参照。单纯参照俗名为"见片"。

　　西文文献单纯参照的著录格式：

```
不用作标目的名称
   see
用作标目的名称


              ◯
```

例：

```
United States.  Department of Commerce.  National
         Bureau of Standards.
      see
      United States.  National Bureau of Standards.



              ◯
```

　　单纯参照的使用，主要从不使用的名称、类号、主题词等引见目录中所用的名称、类号、主题词等。借以引导读者准确无误地检索到自己所需的文献。单纯参照包括下列几种：

　　1. 个人著者方面

　　（1）真名见笔名，或笔名见真名。

　　例：

Clemens, Samuel Langborne
　　see
Twain, Mark, pseud.

　　（2）曾用名见现用名，或现用名见曾用名。

　　例：

Nicholls, Charlotte
　　see
Brontë, Charlotte

　　（3）俗名见教名，或教名见俗名。

例：

Wojtyla, Karol.

    see

John Paul II, Pope.

（4）复姓的第二部分引见第一部分。

Gould, S. Baring.

    see

Baring – Gould, S.

（5）前缀姓氏的其它部分引见标目。

例：

De Gaulle, Charles.

    see

Gaulle, Charles de.

（6）已婚妇女从夫家姓氏引见娘家姓氏，或从娘家姓氏引见夫家姓氏。

例：

Sklodowska, Marie.

    see

Curie, Marie.

2. 机关团体著者方面

（1）从全称引见简称，或从简称引见全称。

例：

United Nations Educational, Scientific, and

    Cultural Organization.

    see

Unesco.

IFLA

    see

International Federation of Library Associations and Instit utlons.

（2）从不同的缩写形式引见标目。

例：

U. N. E. S. C. O.

    see

Unesco.

（3）从不同译名引见标目。

例：

Fédération internationale des associations de
    bibliothécaires et des bibliothèques.

    see

International Federation of Library Associattons
    and Institutions.

（4）从不同拼法引见标目。

例：

Rumania.

    see

Romania.

（5）从不同名称引见标目。

例：

Common Market.

    see

European Economic Community.

3. 题名方面

（1）题名变化多样的文献,应从不同题名引见统一题名。换言之,题名变化多样的文献,可以为不同题名编制名称/题名参照。

例：

Dickens, Charles.

    The personal history of David Copperfield.

    see

Dickens, Charles.

    David Copperfield.

（2）整本文献的各个部分单独出版，取整本文献的统一题名作标目时，应为整本文献各部分的题名编制单纯参照。

例：

Old Testament.

　　see

Bible. O. T.

（3）版次很多的文献，其题名应编制附加款目时，均不再做附加著录，而以单纯参照取而代之。

例：

Decimal classification

　　see

Dewey, Melvil.

　　Decimal classification.

二、相关参照（"See also" references）

相关参照是目录中，指引读者从一个标目去查阅另一个或几个相关标目的方法，又称相互参照，俗称参见片。它的作用是使两个或几个互有关联的标目通过这种方法相互联系，互相补充，进一步扩大读者检索文献的范围。

西文文献相关参照著录格式：

```
    标目甲
        see also
    标目乙


            ○
```

```
      标目乙
           see also
      标目甲


                    ○
```

1. 更名的机关团体采用分段著录法时, 为不同的名称编制相关参照, 即旧名参见新名以及新名参见旧名。

例:

```
American Material Handling Society.
     see also
International Material Management Society.


                    ○
```

```
International Material Management
   Society.
     see also
American Material Handling Society.


                    ○
```

2. 两个相互有关的团体的相互参见。

```
British Iron and Steel Research Association.
     see also
Iron and Steel Research Association.


                    ○
```

Iron and Steel Research Association.
  see also
British Iron and Steel Research Association.

○

3.以不同的统一题名作标目的相关文献,应编制名称/题名方面的相关参照,如果原著已编制附加款目,就不再编制参照片。

例:

Keer, Orpheus C.
  The colven foot
    see also
Dickens, Charles.
      Edwin Drood.

○

Dickens, Charles.
  Edwin Drood.
    see also
Keer, Orpheus C.
  The colven foot.

○

三、一般参照(Explanatory references)

一般参照是一种概括性地指明查阅目录的方法。它不是表示标目间的关系,而是从读者可能查阅的线索出发,指出编目通则或一定事项的说明,帮助读者了解目录的编制方法,指导读者查阅目录。一般参照又称普通参照,俗称说明片。它可以将目录中某些共性的标目集中起来,加以概括说明。因而,采用一般参照后,可以避免过多使用单纯参照或相互参照。

一般参照著录格式:

```
        项目
            说明文字……


                    ◯
```

例 1:

```
De la

    When this prefix written as separate words, occurs atthe beginning on the
surname of a person whose langua – ge is English or Swedish, or whose
nationality is SouthAfrican, the surname is entered under the prefix.
Theprefix and the remainder of the name are filed as thoughthey were
written as one word. If the person's languageis French, the surname is
entered under the prefix La. In other cases the surname is entered under the
part ofthe name following the prefix.


                    ◯
```

例 2:

```
De la
```
　　个人著者前缀姓氏的前缀部分与姓分开书写时,著者本人的语言是英语或瑞典语,或其国籍为南非时,均从前缀部分著录,整个前缀姓氏作为一个词排列,如其语文是法语,则从前缀部分 La 著录,其余均从前缀后的姓氏部分著录。

○

　　西文文献一般参照中的说明文字,可以用英文说明,也可以用中文说明。总而言之,说明文字的取舍取决于馆员与读者的文字水平。

思考题

　　1. 辅助款目的种类以及各自的功能。

　　2. 附加款目与分析款目的编制方法以及各自的利弊。

　　3. 附加款目、分析款目以及参照的编制原则。

　　4. 采用分立目录的图书馆和采用字典式目录的图书馆如何使用题名附加著录?

　　5. 根据西文丛书、多卷书、多人文集以及学术会议录的特点,简述采用分析著录的原则。

　　6. 你对主要款目与附加款目存废之争的看法。

参考文献

1. 罗进. 浅介《英美编目规则》第 2 版有关附加款目的规定. 图书馆学刊,1984 (2):46 – 50

2. 王作梅,严一桥编著. 西文图书编目. 武汉:武汉大学图书情报学院,1985. 159 – 187

3. 张蕴珊. 图书资料著录标准化中的主要款目及著者和书名标目问题. 北图通讯,1980(2): 12 – 18

4. 中国图书馆学会《西文文献著录条例》编辑组. 西文文献著录条例. 北京：中国图书馆学会,1985:81 − 118;230 − 248

5. Joint Steering Committee for Revision of AACR. AngloAmerican cataloguing rules. Edited by Michael Gorman, Paul Winkler. 2nd ed, 1988 revision. Chicago: A. L. A. ,1988. 299 − 302;439 − 562

6. Wynar, B. S. Introduction to cataloging and classification. 6th ed. Littleton, Colorado: Libraries Unlimited. Inc. . 1980. 259 − 266;379 − 389

第七章　多卷书与丛书著录

　　由于近代科学文化事业的飞跃发展，文献也相应地出现了多种出版形式，以适应新形势的要求。除了大量的单本书（Monographs）外，还出版了丛书、多卷书、期刊、会议录以及每年一版的年鉴、指南、名录、科学进展等。它们的共同特点是多卷的，大多数是连续出版物。这些出版物，因其定期或不定期出版；或先或后到馆；读者使用时或要求短暂检索，或要求详细阅读；或要求集中反映，或要求分散处理；或要求整套著录，或要求单本著录，这一切导致图书馆在处理上的特殊要求。

　　英、美条例没有把多卷书作为一种文献类型看待，也没有作特殊规定。一般地说，他们都把多卷书作为一套书处理，即整套著录。对于卷内独立部分或各卷各自独立时，则按需要作分析著录。对于未出齐的多卷书则采用未完成著录的方法。对丛书则按单本书采用分散处理的方法，每一分册均要在丛书项内反映丛书名、丛书责任说明以及丛书号，但是否编制丛书综合款目或丛书名附加款目，则视各馆的具体要求而定。对学术性丛书，有些馆编制丛书综合款目，反映本馆入藏的各册；有些馆则为丛书编制丛书名附加款目。对出版家丛书，除在主要款目反映丛书名外，不再作丛书综合款目或丛书名附加款目。

　　把多卷书和丛书单独处理是我国图书馆的做法。我国读者习惯于整套使用图书，图书馆习惯于整套排架，所以对多卷书、丛书我们有整套著录的办法,为了方便读者从各方面查找,也有各卷(册)的个别著录。因此,我国把它们单独作为一种文献类型处理,是适合我国图书馆具体要求的。

下面分别从这两类图书的特点出发,结合我国的具体要求,谈谈西文多卷书和丛书的著录。

第一节　多卷书著录

一、多卷书的特点

多卷书(Multivolume printed monographs)是一种在内容上是个有机的整体,分卷出版或分卷装订的多卷(册)的著作,是一种分卷册的出版物。

多卷书出版时总是有一个完整的计划,在内容上是一个有机的整体,各卷之间有着密切的联系。编排上先后次序有明确的篇章体系,并在总书名下编有固定的卷次号。多卷书一般都有一个总书名、总著(编)者。例如:1968 年麦克米伦出版公司出版《国际社会科学百科全书》一书,其总书名为 International encyclopedia of the social sciences,总编者为 David L. Sills。有的多卷书除了有总书名,总著者外,各卷还有分卷书名与分卷著者。例如:L. G. Alexander 著的 Newconcept English 一书,其各卷的分卷书名分别为:v. 1 Firstthings first;v. 2 Practice and progress;v. 3 Developing skills;v. 4 Fluency in English。

多卷书通常由于份量过多而分卷装订、出版。例如:第 15 版《新不列颠百科全书》(The new encyclopaedia Britannica. 15th ed. 32v.)分"百科简编"、"百科详编"、"百科类目"三大部分,因份量过多而分卷出版。

多卷书在出版时间上,有的多卷书一次出齐,有的多卷书则陆续出版,有的多卷书按卷次顺序出版,也有不按卷次顺序出版的。就入藏情况看,有的多卷书以套为单位一次到馆,有的多卷书则以卷为单位陆续到馆。所有这些因素,对我们的编目工作都有影响。

西文多卷书包括下列各种出版物:

(1)分卷出版的个人全集、文集;

(2)分卷出版的多著者文集;

(3)综合性大部头多卷书,如:综合性百科全书、辞典等;

(4)专业性大部头多卷书,如:专业手册、分期史等。它们按主题内容或历史时代分类或分期出版。上面提到有分卷书名,分卷著者的多卷书多属这一类。

西文多卷书由于出版办法和到馆情况与单本书不同,根据具体情况,可以采用适当的方法处理这类文献。

二、多卷书处理方法

1. 整套著录整套处理

一次出齐的个人全集、选集、多著者文集以及综合性大部头多卷书可以采用整套著录整套处理的方法。

西文多卷书整套著录整套处理时,应以整套多卷书为一个著录单位,并按照《西文文献著录条例》的有关规定著录多卷书的主要款目。多卷书主要款目包括段落式与悬行式两种著录格式。

西文多卷书整套著录整套处理的著录格式如下:

（1）责任者主要款目的著录格式

索书号	责任者作主要款目标目
	总书名＝并列书名:副书名及说明题名文字/第一责任说明;混合责任说明.—版本说明/与本版有关的责任说明.—出版地:出版者,出版年.
	卷数:图表及其他形态细节;尺寸＋附件说明.—(正丛书名＝并列丛书名:副丛书名及说明丛书名文字/丛书责任说明,丛书的国际标准连续出版物号;丛书号.附属丛书名)
	附注项
	Contents:卷次 分卷书名:分卷副书名及说明题名文字/分卷责任说明— 卷次 分卷书名:分卷副书名及说明题名文字/分卷责任说明
	国际标准书号（装订形式）：价格
	根查项

〇

例:

G254	Redfern, Brian.
R315	Organising music in libraries/by Brian Redfern. —London:Clive Bingley, c1980.
	2 v. ;25 cm.
	Contents:v. 1 Arrangement and classification v. 2 Cataloguing
	Ⅰ. Title. Ⅱ. Title:Arrangement and classifica Lion. Ⅲ. Title:Cataloguing.

〇

（2）题名主要款目著录格式

```
索书号        总书名＝并列书名：副书名及说明题名文字/第一责任说
            明；混合责任说明．—版本说明/与本版有关的责任说
            明．—出版地：出版者，出版年．
               卷数：图表及其他形态细节；尺寸＋附件说明．—（正
            丛书名＝并列丛书名：副丛书名及说明丛书名文字/丛书
            责任说明，丛书的国际标准连续出版物号；丛书号．附属丛
            书名）
               附注项
               Contents：卷次 分卷书名：分卷副书名及说明题名文
            字/分卷责任说明— 卷次 分卷书名：分卷副书名及说明题
            名文字/分卷责任说明
               国际标准书号（装订形式）：价格
               根查项

                              ◯
```

例：

```
1712.09    Literary history of the United States
L776          /editors Robert E. Spiller…［et al.］．—3rd rev. ed. —New
            York：Macmillan，1980.
            2 v. ;25 cm.
              Ⅰ.Spiller, Robert E. , ed.

                              ◯
```

多卷书整套著录整套处理应注意以下几个问题：

第一，整套书作为一个单位著录，并根据整套书的内容归类。

第二，根据整套书的责任者选择西文多卷书主要款目标目。

西文多卷书以责任者为主要款目标目时，采用段落式标识符号法；

以题名为主要款目标目时,则采用悬行式标识符号法。

第三,对于跨年度出版的多卷书,著录起讫年。

例:

1984—1986

第四,多卷书整套著录整套处理时,其文献数量应著录总卷数,而不著录各卷的页数。对于连续编码的多卷书,可以在总卷数后注明总页数,并将总页数置于圆括号内。

例:

24 v.

3 v.(1397 p.)

8 v. in 5

第五,各卷的分卷书名、分卷副书名及说明题名文字、分卷著者均著录在附注项内。

第六,根据需要,编制各卷著者及/或书名的分析款目。

例:主要款目

K917	Baedeker, Karl.
B139	Great Britain, handbook for travellers/Karl Baedeker. —10th ed./revised by H. A. Piehler.

—London:Allen & Unwin, 1966 - 1968.

   2. v,:ill. ;21 cm.

   Contents:v. 1 Southern England and East Anglta—v. 2 Central England, Wales

  Ⅰ. Piehler,

H. A. Ⅱ. Title. Ⅲ. Title:Southern England and East Anglia. Ⅳ. Title:Central England, Wales.

○

题名分析款目

Southern England and East Anglia.

K917
B139

Great Britain, handbook for travellers/Karl Baedeker. —10th ed./revised by H. A. Piehler. —London：Allen&Unwin, 1966 – 1968.

2 v. ：ill. ；21 cm.

Contents：v. 1 Southern England and East Anglia—v. 2 Central England, Wales

○

Central England, Wales.

K917
B139

Great Britain, handbook for travellers/Karl Baedeker. —10th ed./revised by H. A. Piehler. —London：Allen&Unwin, 1966 – 1968.

2 v. ：ill. ；21 cm.

Contents：v. 1 Southern England and East Anglia—v. 2 Central England, Wales

○

2. 整套著录分别制卡

多卷书原则上采用整套著录整套处理。但是,有的多卷书不仅有总书名,总著者,而且有分卷书名、分卷著者、分卷版本说明等,甚至跨年度出版,陆续到馆。此种多卷书可以采用整套著录分别制卡的方法处理,待整套多卷书出齐后,再改用整套著录整套处理的方法著录。这样做,不仅可以及时地揭示整套多卷书,而且可以缩小目录体积。但是,在实际工作中,此种方法难以实施,问题在于编目部门要花费一定的人力物力进行回溯编目。因而,编目部门一旦采用整套著录分别制卡的方法,一般不再改用整套著录整套处理。

多卷书整套著录分别制卡的著录格式为:

(1)责任者主要款目的著录格式:

```
索书号      责任者作主要款目标目
           总书名 = 并列书名:副书名及说明题名文字/第一责
       任说明;混合责任说明 . 一版本说明/与本版有关的责任说
       明 . 一出版地:出版者,出版年.
           卷数:图表及其他形态细节;尺寸 + 附件说明 . 一(正
       丛书名 = 并列丛书名:副丛书名及说明丛书名文字/丛书
       责任说明,丛书的国际标准连续出版物号;丛书号.附属丛
       书名)
           附注项
           Contents:卷次 分卷书名:分卷副书名及说明题名文
       字/分卷责任说明
           国际标准书号(装订形式):价格
           根查项


                          ◯
```

例：

K917	Baedeker，Karl.
B139	Great Britain，handbook for travellers/Karl Baedeker. —10th ed.／revised by H. A. Piehler. —London：Allen&Unwin，1966 − v..ill. ;21 cm. Contents：v.1 Southern England and East Anglia Ⅰ．Piehler，H. A. Ⅱ．Title. Ⅲ．Title：Southern England and East Anglia.

◯

（2）题名主要款目的著录格式：

索书号	总书名＝并列书名：副书名及说明题名文字/第一责任说 　明；混合责任说明. —版本说明/与本版有关的责任说 　明. —出版地：出版者，出版年. 　卷数：图表及其他形态细节；尺寸＋附件说明. —（正 丛书名＝并列丛书名：副丛书名及说明丛书名文字/丛书 责任说明，丛书的国际标准连续出版物号；丛书号. 附属丛 书名） 　附注项 　Contents：卷次 分卷书名：分卷副书名及说明题名文 字/分卷责任说明 　国际标准书号（装订形式）：价格 　根查项

◯

例：

```
TU – 091    History of architectural development
H673            /edited by Frederick Moore Simpson. —London：Longmans，
                1954 –
                V. ：ill. ；23 cm.
                Contents：v. 1 Early Christian Byzantine and Romanesque
            architecture/Cecil Stewart
                Ⅰ. Simpson, Frederick Moote, ed.  Ⅱ. Title：Early Christian
            Byzantine and Romanesque architecture.

                                        ○
```

　　多卷书整套著录分别制卡有如下特点：(1)依据整套书的情
况选择主要款目标目,著录题名与责任说明项、版本项、出版发行
项、载体形态项、丛编项；(2)采用分别制卡的方法编制主要款目；
(3)以卷为单位,将各分卷书名、副书名及说明题名文字等分别著
录在附注项内；(4)根据整套书的内容归类。

　　3.分卷著录

　　对于有总书名、总著者、分卷书名、分卷著者、分卷版本说明,
并跨年度出版,陆续到馆的多卷书,我国西文图书卡片联合编辑组
采用分卷著录的办法。此种方法在著录项目的设置方面,著录项
目的顺序以及标识符号的使用方面与整套著录分别制卡的著录格
式相似,但著录方法各异。其区别在于：(1)以各分卷为单位进行
著录；(2)根据整套书的情况选择主要款目标目,著录题名与责任
说明项,将分卷书名作为副题名及说明题名文字处理；(3)依据各
分卷的情况著录版本项、出版项、载体形态项、附注项以及文献标
准编号与获得方式项。例如,"文献数量"这一著录单元内,不著
录卷(册)数,而著录其分卷的页数。

例：

```
K917    Baedeker, Karl.
B139        Great Britain, handbook for travellers: v. 1 Southern England and
            East Anglia/Karl Baedeker. —10th ed./revised by H. A.
            Piehler. —London: Allen&Unwin, 1966.
                190 p. : ill. ;21 cm.
                Ⅰ. Piehler, H. A.  Ⅱ. Title.


                                ◯
```

```
TU－091    History of architectural development:
H673          v. 2 Early Christian Byzantine and Romanesque architecture/
              Cecil Stewart; edited by Frederick Moore Simpson. —
              London: Longmans, 1954.
                  288 p. : ill. ;23 cm.
                  Ⅰ. Stewart, Cecil.  Ⅱ. Simpson, Frederick Moore, ed.  Ⅲ.
              Title: Early Christian Byzantine and Romanesque architecture.


                                  ◯
```

上述三种多卷书的处理方法，其共同点为：

（1）根据整套书的内容归类；

（2）根据对整套书的知识内容或艺术内容负责的个人或机关团体的情况选取主要款目标目，检索点选取原则与单本书一致；

（3）各种处理方法均有两种著录格式，即段落式与悬行式。

多卷书由于处理方法不同，其利弊各异。"整套著录整套处理"的方法适用于分卷出版一次到馆的多卷书。此种处理方法的优点除了著录层次分明外，还可以充分揭示整套多卷书的各种情况，可以避免目录体积庞大。但是，对于分卷出版，陆续到馆的多卷书采用整套著录整套处理的未完成著录法时，一套多卷书的编

177

目工作无法一次完成。而"整套著录分别制卡"的方法可以弥补这一缺陷,其弊端在于每一分卷至少编制一张款目,它会导致目录体积庞大,降低检索文献的速度。"整套著录整套处理"与"整套著录分别制卡"的方法配合使用,效果最佳。"分卷著录"方法适用于著录分卷出版陆续到馆的多卷书。此方法的长处是著录方法简便易行,可以一次完成某一分卷的编目工作,但是各个著录项目的著录依据不一致,著录层次也显得较为杂乱。

第二节　丛书著录

丛书(Series)是汇集多种单行著作成为一套并具有丛书总书名的出版物。丛书是根据主题内容相近,或读者对象相同,或作品性质相似而成组出版的出版物。丛书和多卷书不同点在于:(1)多卷书的全部内容是一个有机的整体,是一部完整的著作;丛书则是许多单行著作的集合,各部分有一定的联系,又可以分离独立。(2)在题名与责任说明方面,每一单行著作都有自己的书名,也有一个共同的丛书名,丛书名通常出现在书名页上方、半书名页、附加书名页、封面或书名页背面。(3)在文献物质外形方面,同一丛书的各单行著作的版面设计彼此相同。(4)在出版方面,大多数丛书陆续出版,有的丛书一次出齐。

西文丛书大体上可分为学术性丛书和出版家丛书两种。学术性丛书一般由学术机关或个人编者主持出版,有的丛书名冠以学术机关名称,有的丛书名则是专用丛书名,专用丛书名多数能反映丛书的共同主题内容。学术性丛书有较高的学术参考价值,有关图书馆会考虑成套或大部分入藏。所谓出版家丛书是指以同一装订形式连续出版,虽然也按主题出版,但是学术价值远逊前者。这是由于资本主义国家的出版商的丛书都是以牟利为目的,一种丛书只要能够赚钱,便无休止、无限制地出版,大部分还翻印旧书。不过,近来一些专业出版商已注意出版一些有学术价值的丛书,引起图书馆界的重视。所以出版家丛书的成分是比较复杂的,图书馆在选购和揭示丛书时都要分清情况,区别对待。一般地说,一般性的出版家丛书不编制丛书综合款目或丛书名附加款目。但对学术性较强的丛书则应多方揭示,才能达到揭示文献、宣传文献,更好地为科学研究服务的目的。

西文丛书有两种处理方法。其一,分散著录;其二,集中著录。

一、丛书分散著录

西文丛书著录以分散著录为主。它是以丛书中的每一单行著作为一个著录单位,分别编制主要款目,并根据各单行著作的内容归类。丛书分散著录时,应在丛书项内著录丛书名、丛书责任说明、丛书的国际标准连续出版物号以及丛书号。除此而外,通常要为丛书编制丛书名附加款目或丛书综合款目,反映馆藏有关某一丛书的状况。它采用先分散后综合的方法揭示整套丛书以及各单行著作的有关特征,便于读者从各个角度查阅文献。

丛书分散著录的主要款目

```
K74    Woodward, Ralph Lee, Jr.
W876    Central America:a nation divided/Ralph Lee Woodward, Jr. —
       2nd ed. —New York:Oxford Univ. Pr. , 1985.
          390 p. :ill. ;22 cm. —(Latin American histories)
          Ⅰ. Title.  Ⅱ. Series.
```

丛书分散著录的丛书名附加款目：

```
            Latin American histories.
K74         Woodward. Ralph Lee, Jr.
W876          Central America：a nation divided/Ralph Lee Woodward,
            Jr. —2nd ed. —New York：Oxford Univ. Pr. , 1985.
              390 p. ；ill. ；22 cm. —（Latin American histories）
              Ⅰ. Titre. Ⅱ. Series.
```

$$\bigcirc$$

　　丛书分散著录时，既可以采用丛书附加款目，也可以采用丛书综合款目将整套丛书予以集中。丛书综合款目一般以丛书名为著录标目，并在丛书综合款目的附注项目内著录丛书的子目，即各单行著作的书名、副书名、著者、出版年。

　　丛书综合款目著录格式：

```
            正丛书名＝并列丛书名：副丛书名及说明丛书名文字/丛
            书责任说明 . —版本说明/与本版有关的责任说明 . —出
            版地：出版者，出版年.
              册数：图表及其他形态细节；尺寸＋附件说明 . —（正
            丛书名＝并列丛书名：副丛书名及说明丛书名文字/丛书
            责任说明，丛书的国际标准连续出版物号；丛书号. 附属丛
            书名）
              附注项
              Contents：
索书号          册次　书名：副书名及说明题名文字/第一责任说明 .
            —出版年 . —页数
索书号          册次　书名：副书名及说明题名文字/第一责任说明 .
            —出版年 . —页数
```

$$\bigcirc$$

180

例：丛书分散著录的丛书综合款目

```
          Development  in  international  law. —The  Hague：Martinus
          Nlnhoff，［1980］–
          V. ;25 cm.
          Contents：
D993.5    v. 3 Law of the sea：Caracas and beyond
D492      ／edited by Ram Prakash Anand. —1980. —399 p.
D99       v. 4 International adjudication：procedural
M278      aspects／V. S. Mani. —1980. —456 p.
                                          （Continued on next card）


                            ○
```

　　丛书分散著录适用于不准备全部入藏的丛书，或不要求集中归类、集中排架的丛书。丛书分散著录应该注意以下几个问题：

　　第一，以丛书中的各单行著作为一个著录单位编制主要款目，并依据各单行著作的内容归类。

　　第二，丛书名、丛书责任说明、丛书号等著录在丛书项内。

　　第三，丛书名附加款目与丛书综合款目的功能相同，不得同时使用。

　　第四，丛书综合款目无总索书号。但是在附注项内，需分别反映各单行著作的索书号。

二、丛书集中著录

　　一部丛书作为一个整体进行著录，这种方法称为集中著录。丛书集中著录时，其主要款目著录格式与丛书综合款目著录格式大同小异，其区别在于：（1）丛书集中著录时，通常取丛书名作主要款目标目。（2）依据整套丛书的特征著录各个著录项目；各单行著作的情况著录在附注项内，并为各单行著作的著者、书名编制分析款目。(3)依据整套书的内容归类。因而,丛书集中著录时只有一个总索书号,而无各单行著作的索书号。

丛书集中著录时也有两种著录格式。以丛书名作主要款目标目时,采用悬行格式。以责任者作主要款目时,采用段落格式。

丛书集中著录以丛书名为主要款目标目的著录格式:

索书号	正丛书名=并列丛书名:副丛书名及说明丛书名文字/丛书责任说明.—版本说明/与本版有关的责任说明.—出版地:出版者,出版年.
	册数:图表及其他形态细节;尺寸+附件说明.—(正丛书名=并列丛书名:副丛书名及说明丛书名文字/丛书责任说明,丛书的国际标准连续出版物号;丛书号.附属丛书名)
	附注项
	Contents:册次 书名:副书名及说明题名文字/第一责任说明.—出版年.—页数—册次 书名:副书名及说明题名文字/第一责任说明.—出版年.—页数

○

例:

N49	Basic science series. —Rev. ed. —Accra:
B311	FEP International Private Limited, c1978.
	16v. ;col. ill. ;19 cm.
	Contents: Bk 1 Air. —32 p. —Bk 2 Earth. —32 p. —Bk 3 Electricity. —32 p. —Bk 4 Forces and measurements. —32 p. —Bk 5 Heat. —32 p. —Bk 6 Light. —32 p. —Bk 7 Living things – animals. —32 p. —Bk 8
	(Continued on next card)

○

N49   Basic science series.

B311   Living things – man. —32 p. —Bk 9 Living things – plants. —32
          p. —Bk 10 Magnetism. —32 p. —Bk 11 Sound. —32 p. —Bk 12
          Water. —32 p. —Bk 13 Animals and their young. —32 p. —Bk
          14 Space and man. —32 p. —Bk 15 Life in the sea. —32 p. —Bk
          16 Atoms. —32 p.

                    ○

倘若集中著录的丛书取责任者作主要款目标目时,其著录格式可以在上述著录格式的基础上加以变通,将题名与责任说明项及出版发行项改为段落式,并冠以主要款目标目,即责任者名称。

丛书集中著录的方法与多卷书整套著录整套处理的方法很相似,但要区分以下各点:

(1)索书号用丛书的综合分类号,但必须区别各单行著作。

(2)各单行著作的特征反映在附注项的子目内。

(3)丛书的编者可作附加著录。

丛书集中著录的方法适用于丛书集中排架的图书馆。丛书集中著录时,不仅要有著者、书名分析款目,更要注意编制分类分析款目和主题分析款目。因为丛书集中著录,其分类号及标题必然根据整套丛书而综合概括了各单行著作的专门主题内容,如不加以揭示,很可能掩盖了图书馆最有用的材料。对于内容横跨社会科学与自然科学的丛书,不宜采用集中著录的方法,因为这将无法进行文献的归类。

思考题

1.丛书、多卷书的特点。

2.丛书、多卷书的区别。

3. 丛书分散著录与集中著录的著录特点及其利弊。

4. 比较多卷书整套著录整套处理与丛书集中著录两种处理方法的异同。

5. 比较多卷书整套著录分别制卡与分卷著录两种处理办法的优缺点。

参考文献

1. 李彩凤. 亦谈有关西文多卷书的分编问题. 图书情报工作,1988(3):37 - 38

2. 王作梅,严一桥编著. 西文图书编目. 武汉:武汉大学图书情报学院,1985:
   153 - 158

3. 夏勇,周子荣编著. 西文编目实用教程. 杭州:浙江大学出版社,1989:
   177—186.

4. 谢宗昭主编. 文献编目概论. 南京:南京大学出版社,1990:364 - 380

5. 于向红. 关于丛书、多卷书著录的思考. 江西图书馆学刊,1988(3):37—40

第八章　连续出版物著录

第一节　连续出版物的特点

连续出版物（Serials）是一种载有编号或年月顺序号，计划无限期地连续出版发行的印刷型的或非印刷型的出版物。它包括期刊、报纸、年刊、学会报告丛刊与会刊、会议录、科学进展、年鉴以及专著丛刊等，但不包括在一个预定期限内以连续分册形式发行的丛书和多卷书。

连续出版物具有以下几个特征。

1. 无限期出版

所谓无限期是指连续出版物的编辑者与出版者力求长期地连续不断地出版下去。例如：法国的《学者周刊》（LeJournal des Sgavans）创刊于公元 1665 年 1 月。同年 5 月，英国皇家学会创办了《皇家学会哲学汇刊》（Philosophical Transaction of the Royal Society）。这两种期刊饱经沧桑，拥有三百多年的悠久历史至今仍在出版。当然，有一部分连续出版物由于经营管理不善，或社会政治因素等方面的原因而被迫停刊，它们的历史或长或短。但是，绝大多数连续出版物都是长期地不间断地连续出版，短命的连续出版物毕竟是少数。出版连续性是连续出版物区别于其他出版物的本质特征之一。

2. 有连续出版物的期标识

连续出版物具有显而易见的期标识系统,以便使分卷、期出版的连续出版物系统化。各种连续出版物期标识的编制方法各异,有的连续出版物只有年月顺序号,而无卷期号;有的连续出版物既有年月顺序号又有卷期号;有的连续出版物先以年为单位编年月顺序号,然后按出版周期编各期的卷期号或总期号;还有的连续出版物则直接按出版周期刊载期号,而无年月顺序号。总而言之,连续出版物期标识尽管编制方法不同,却具有一定的规律性。它是读者查阅这类文献的依据之一。

3. 出版周期

连续出版物包括定期刊行与不定期刊行两种。定期刊行的连续出版物具有刊期,即出版周期。连续出版物的刊期有多种,如:

Annual	年刊
Bi – annual	半年刊
Bi – ennial	双年刊
Bi – monthly	双月刊
Biweekly	双周刊
Daily	日报
Fortnightly	双周刊
Monthly	月刊
Quarterly	季刊
Semi – annual	半年刊
Semi – montly	半月刊
Semi – weekly	三日刊
Weekly	周刊

4. 形式与内容

连续出版物的各期有统一的题名,封面设计相同,各期内容新颖、时效性强。有的连续出版物不仅内容新颖,而且综述了一定时期内某一科学领域的发展和成就。有的连续出版物甚至是连续出版的参考工具书,它内容适时,信息密集,叙述简明,编排得当,便于查找所需的资料。

5. 连续出版物的版本说明

连续出版物的类型很多,有期刊、科学进展,年鉴等出版物。它们版本说明的情况略有不同。期刊通常是一次性出版,一般不再版,无版次变化。但是,某些期刊按其出版时间或收录范围的不同,分为上午版、下午版、内科版、外科版等等。科学进展和年鉴尽管内容逐年变更,一般也不标明版次,但有卷号或年顺序号。

6. 绝大多数连续出版物载有国际标准连续出版物号(International Standard Serials Number,简称 ISSN),有的连续出版物载有识别题名(Key title),所谓识别题名是指国际连续出版物资料系统(International Serials Data System,简称 ISDS)认可的某种连续出版物唯一的名称。

第二节　检索点的选择

我国编目界对连续出版物通常取题名作主要款目标目,这与AACR2 检索点的选取原则是一致的。下面根据连续出版物一些常见的情况,简单介绍一下连续出版物检索点的选取原则。

1. 绝大多数期刊是由编者根据自身编辑、出版的宗旨,将多人著作汇集而成的,各期具有多个责任者。这类连续出版物通常取题名作主要款目标目。

例：

The Journal of agent and management：selection and development／
Behavioral Science Research Press. —Vol. 1, no. 1 (Mar. 1981)

— . —Dallas, Tex.

：The Press, c1981 —

v. ;23 cm.

Quarterly.

Title from cover.

Lib. has：Vol. 1,no. 1 —

ISSN 0278 – 5420 = The Journal of agent and management.

○

2.科学进展在没有对其内容负责的责任者的情况下,取书名作主要款目标目,并视编者是否有名而作附加著录,但不为书内各篇作分析著录。

例：

Advances in cell culture. —Vol. 1 (1981) –

· —New York：Academic Pr. ,

c1981 –

v. ;24 cm.

Annual.

Editor：Kar Maramorosch.

Lib. has：Vol. 1 (1981) – v. 9 (1989)

ISSN 0275 – 6358 = Advances in cell culture

○

3.在编者指导下,由各个责任者撰稿的连续出版物,取题名作主要款目标目。

例:

Statesman's yearbook : statistical and historical annual of the states of
the world. —1864 –   . —London : Macmillan, 1864 –
    v. ; 19 cm.
Annual.
Lib. has : 1978/79 –

○

例:

The World almanac and book of facts. —1868 –   . —New York :
World telegram,
1868 –
    v. ; 22 cm.
Annual.
Lib. has : 1868 –

○

---

4. 符合机关团体标目六大范围内的连续出版物,可以取机关
团体名称作主要款目标目,为题名作附加著录(机关团体标目形
式见第五章第三节)。

例：

United Nations.

    Yearbook of the United Nations. —1946/47 –   . —New York：United

Nations, Dept. of Public Information,1947 –

    v. ；ill. ；31 cm.

Annual.

◯

5. 以连续出版物形式出版的会议录,参照第五章第四节选取主要款目标目。

例：

International Conference on Radiobiology

    (5th：1950：Stockholm)

    Advances in radiobiology：proceedingsof the …/edited by George Carl de Hevesy…[et al.]—London：Oliver & Boys, 1957.

    503 p. ；ill. ；21 cm

◯

第三节　著录项目与著录格式

一、著录项目

《西文文献著录条例》明确规定连续出版物设 8 个著录项目,即：

题名与责任说明项

版本项

文献特殊细节项

出版、发行项

载体形态项

丛编项

附注项

文献标准编号与获得方式项

从表面上看,连续出版物与其他出版物在著录项目的设置上无甚差别,但其著录单元的内容别具一格,具有以下几个特点:

1. 连续出版物是一种载有年月顺序号或卷期号,计划无限期出版的出版物。其题名与期标识(即年月顺序号与/或卷期号)是检索连续出版物的主要途径,为了揭示连续出版物的这一特点,特设了"文献特殊细节项"。此项用于著录连续出版物首卷与末卷的期标识。

2. 连续出版物是连续出版、陆续到馆的出版物,而各馆收藏情况各有不同。为了充分地揭示馆藏,应在附注项内,向读者详细说明本馆收藏某种连续出版物的具体情况。

3. 文献标准编号与获得方式项中著录单元的内容与普通图书略有不同。连续出版物在此项设了 ISSN 与识别题名这两个著录单元,而普通图书则只有 ISBN。

二、著录格式

像普通图书一样,西文连续出版物由于主要款目有两种检索点,故也有两种著录格式。即一种是以题名为主要款目的悬行著录格式,另一种是以责任者名称为主要款目标目段落著录格式。

1. 以题名为主要款目标目的著录格式：

索书号	正题名［一般文献类型标识］＝并列题名:副题名及说明题
	名文字/第一责任说明;混合责任说明 . 一版本说明/
	与本版有关的责任说明 . 一 首卷的卷号,期号(创刊
	月 年)一 末卷的卷号,期号(终刊月 年). 一 出版发
	行地:出版发行者,出版发行日期(制作地:制作者,制
	作日期)
	文献数量及其单位:图表及其他形态细节;尺寸 + 附
	件说明 . 一(正丛编名＝并列丛编名:副丛编名及说明丛编
	名文字/丛编责任说明,丛编的国际标准连续出版物号;丛
	编号. 附属丛编名)
	附注项
	国际文献标准编号＝识别题名(装订形式):价格
	根查项

○

例:

Journal of the Alaska Geological Society

. —Vol. 1 (1981) –

. —Anchorage, Alaska:The Society, 1981 –

V. ;ill. ;28 cm.

Title from cover.

ISSN 0277 – 1918 = Journal of the AlasKaGeological Society

Lib. has:Vol. 1 (1981) –

○

2. 以责任者为主要款目标目的著录格式：

索书号	责任者作主要款目标目
	正题名［一般文献类型标识］＝并列题名：副题名及说明题名文字/第一责任说明；混合责任说明．—版本说明/与本版有关的责任说明．—首卷的卷号，期号（创刊月年）—末卷的卷号，期号（终刊月　年）．— 出版发行地出版发行者，出版发行日期（制作地制作者，制作日期）
	文献数量及其单位：图表及其他形态细节；尺寸＋附件说明．—（正丛编名＝并列丛编名：副丛编名及说明丛编名文字/丛编责任说明，丛编的国际标准连续出版物号；丛编号．附属丛编名）
	附注项
	国际文献标准编号＝识别题名（装订形式）：价格
	根查项
	◯

例：

National Development Corporation.
Annual report and accounts/National
Development Corporation. —Dares Salaam：The Corp. , 1965 –
v. ；ill. ；30 cm.
Annual.
Cover title：Annual report – NDC
Lib. has：1968 –
◯

　　上述两种著录格式的著录项目、著录项目的顺序以及标识符号的使用方面完全一致。其区别在于主要款目标目的选取原则不

同,标目出现的位置不同,题名与责任说明项至出版、发行项的移行方法不同。

第四节　连续出版物著录的主要特点

一、主要信息源

以印刷形式出版的连续出版物的主要信息源是题名页、代题名页、封面、版权页。期刊的主要信息源则是封面与版权页。以非印刷形式出版的连续出版物的主要信息源参见第九章。

二、题名与责任说明项

1.连续出版物的正题名含有逐期变更的日期或编号,为了达到集中同一种连续出版物的目的,可省略这类日期或编号,并用删节号(…)代替。若日期或编号位于正题名开端,省略的内容不加删节号。

例1:

原题:Report on the 1987 Conference on Development
　　　Objectives and Strategy

著录为:Report on the…Conference on Development
　　　Objectives and Strategy

例2:

原题:1971 Annual report

著录为:Annual report

2.分辑出版的连续出版物在主要信息源中载有共同题名(Common title)和分辑题名(The title of a section),可以在题名与责任说明项中依次著录共同题名、分辑编号、分辑题名。

例：

Progress in nuclear energy. Series 2, Reactors.

当某一分辑或补编单独出版，并且有特定的题名或分辑具有明显的独立性时，可将分辑题名作为正题名，而将总题名作为丛编名处理。

例：

British journal of applied physics⋯. —(Journal of physics；D)

三、文献特殊细节项

此项是为连续出版物特设的著录项目。连续出版物是一种分卷期出版的出版物，应在此项内著录连续出版物的首卷（期）与末卷（期）的期标识。

连续出版物文献特殊细节项的著录内容为：

首卷的卷号，期号（创刊月　年）—末卷的卷号，

期号（终刊月　年）＝另一个期标识系统的首卷

的卷号，期号（创刊月　年）—末卷的卷号，期号

（终刊月　年）

例1：用数字与字母构成的期标识

Papers on formal linguistics. —No. 1 –

Policy publications review. —Vol. 1. no. 1 –

New locations. —No. 1（Apr. /May 1973）–

New magazine/Regina Chamber of Commerce.

　—Vol. 3, no. 6（Aug. /Sept. 1970）– v. 5.

　no. 3（Mar.1972）

例2：用年代构成的期标识

Buck Jones annual. —1957

例3：多个期标识系统

Vol. 3, no. 7 –　　　　＝no. 31 –

四、出版、发行项

连续出版物是一种连续出版,陆陆续续到馆的出版物。因而,绝大多数连续出版物的出版、发行项采用未完成著录法,只著录首卷(期)的出版年,然后加上"－"(连接号),只有在停刊后,才著录终止年。

例:

1907 –

1876 – 1967.

五、附注项

连续出版物附注项的著录丰富多彩。它包括出版周期、题名与责任说明附注、连续出版物沿革附注、版本附注、期标识附注、出版发行附注、载体形态附注、丛刊附注、索引附注、馆藏附注等。附注项中各个著录单元单独起行,互不相连。下面简要地介绍几种连续出版物特有的著录单元。

1. 出版周期

出版周期是连续出版物的特征之一。有的出版周期隐含在正题名或副题名内,有的出版周期独自出现在封面上,还有的出版周期刊载在版权页中。一般来说,除出现在题名中的出版周期著录在题名外,其余出版周期均著录在附注项内。

例:

Monthly.

Two volumes per year.

Issued twice a month.

Irregular.

2. 连续出版物的沿革

有一部分连续出版物由于种种原因而改名。更名的出版物,需在附注项内说明题名变迁史。关于期刊改名的处理办法见本章第四节。

例：

Continues Commercial art.

Continued by Art and industry.

3. 索引附注

有一部分连续出版物不仅有正文,而且为其正文编制了索引。有的连续出版物不仅每期有期索引,在年底的最后一期中还附总索引;有的连续出版物单独出版季度索引;还有的连续出版物出版年度累积索引。关于索引的情况反映在附注项内。

例：

Indexes：Vols. 10 – 17 issued as v. 18, no. 3

Index published separately every Dec.

Indexes：Subject index, v. 1 – 11 in v. 13.

Author – title index, v. 1 – 11 in v. 14

4. 馆藏项

连续出版物的出版特点是计划无限期地出版,而图书馆收藏连续出版物的情况错综复杂。为了充分地揭示馆藏,连续出版物特设了馆藏项这一著录内容,以便说明某一连续出版物本馆的收藏情况,以达到方便读者借阅文献的目的。

例：

Lib. has：Vol. 1 –

Lib. has：1978/79 –

第五节　连续出版物著录的若干问题

一、期刊改名的处理办法

期刊是连续出版物的一种类型。它由于合并或分开;或者从某主刊派生出另一种副刊;或者编辑出版宗旨发生变化,故出现改名问题。刊名变更的处理是期刊著录的一大问题。它涉及期刊标目的形式和附注项的著录问题。期刊刊名变迁的处理办法大致可归纳为三种:

1. 新见旧

以最初出版的第一个刊名作主要款目标目,在附注项内说明本期刊的全部刊名沿革史,并从新刊名引见旧刊名。

例:

题名主要款目:

```
Canadian builder. —Vol. 1 (1951) -     . —Montreal：Wallace Pub.
    Co. , 1951 -
        v. ；27 cm.
        Monthly.
        Title varies：Vol. 1 (1951) - v. 19 (1969)
as Canadian builder；v 20 (1970) -
as Canadian building.
    Lib. has：Vol. 1 -
    ISSN 0008 - 3070
```

用新刊名作单纯参照:

```
Canadian building.
   see
Canadian builder.


                    ◯
```

此种方法标目稳定性强,能够在最初出版的第一个刊名之下,集中所有改名后的同一刊物,可节约人力物力,便于编目工作者处理此类文献。但是,读者势必要多查一次目录。

2. 旧见新

以最新的刊名作主要款目标目,将刊名沿革史著录在附注项内,如该刊再次改名,编目工作者就要不厌其烦地进行回溯编目,并从旧刊名引见新刊名。但这是最受读者欢迎的办法。

例:

题名主要款目:

```
Canadian building. —Vol.  1 ( 1951 ) –         . —Montreal：Wallace
   Pub. Co. , 1951 –
   V. ；27 cm.
   Monthly.
   Title varies：Vol. 1( 1951 ) – v. 19( 1969 )
as Canadian builder；v. 20( 1970 ) –
as Canadian building.
   Lib. has：Vol. 1 –
   ISSN 0008 – 3070


                    ◯
```

用旧刊名作单纯参照:

```
Canadian builder.
    see
Canadian building.
```

◯

　　此种方法可以在最新的刊名之下集中同一刊物,便于读者从
新名角度检索文献。倘若读者从旧名查找,需要多查一次目录。
此种方法弊端还在于标目稳定性差。一旦再次改名,编目工作者
要不厌其烦地进行回溯编目,不仅编目工作者工作量大,而且不
经济。

　　3. 分段著录法

　　同一刊物按不同刊名分开著录,即期刊的新、旧刊名分别作标
目,并在附注项内说明刊名变化的来龙去脉。

　　例:

　　题名主要款目:

```
Canadian builder. —Vol. 1(1951) – v. 19
    (1969). —Montreal:Wallace Pub. Co. ,
    1951 – 1969.
    19 v. ;27 cm.
    Monthly.
    Continued by: Canadian building.
    Lib. has: Vol. 1(1951) – v. 19 (1969)
    ISSN 0008 – 3070
```

◯

```
Canadian building. —Vol. 20(1970)
.—Montreal:Wallace Pub. Co. ,
1970 –
V. ;27 cm.
Monthly.
Continues:Canadian builder.
Lib. has:Vol. 20(1970) –
ISSN 0008 – 3070
```

○

此种方法简便易行,既有利于读者检索现期文献,又有利于编目工作者处理文献。但无法集中同一刊物。读者要想提高文献的查全率,必须借助附注项刊名沿革史所提供的线索,进一步扩大文献的检索范围。目前,AACR2 与《西文文献著录条例》都明确规定采用此种方法解决连续出版物的改名问题。

上述三种办法,显然各有利弊,图书馆应该根据自己的任务和读者对象的需求予以抉择。从事科研工作的读者无疑希望连续出版物集中一些。因而,科技图书馆的刊物以集中著录较好,可以在前两种办法之中,取其较为简便易行的办法,或取与本馆历史上相一致的作法,这样做,可能对读者、馆员都更为有利。但对一般读者(例公共图书馆的读者)来说,可能第三种办法更受欢迎。

二、年鉴、人名录及相类似的每年一版的连续出版物

年鉴、人名录等这类连续出版物的特点,都是同一个书名每年定期出版一次,每年到馆一次。对这一类型的出版物,有的图书馆则视其有无期标识而分别作书或刊处理。我们认为,年鉴、人名录等这类连续出版物是一种无限期地连续出版的参考工具书。每因事实变化而内容有所修改补充,但一般改动不大,与多版书有所不

同,适宜采用整套未完成著录(Open cataloguing)。整套未完成著录就是把同一书名的各卷作为一个整体,根据主要款目著录的要求选择标目。不同之处是对该连续出版物的期标识和出版年只著录起号、起年,其后用连接符并空出位置,以表示此文献仍继续出版。待将来停版时,著录起讫期标识与起讫出版年。载体形态项内的"v."字前留2至3格的位置,以待最后注明总卷数。

在未完成著录的情况下,可以在附注项内反映馆藏情况。图书馆如从第一次出版就开始入藏无缺,可以不加任何说明。

例1:

United Nations. Department of International Economic and Social Affairs.
    Statistical Office.
    Statistical yearbook = Annuaire statistioque. —1948 –   . —New
York:UnitedNations,1949 –
       V. ;30 cm.
    Lib. has:1950 –

◯

例2:

Advances in clinical obstetrics and gynecology/edited by Howard J.
    Osofsky. —Baltimore:Williams&Wilkins,c1982 –
      V. ;26 cm.
    Includes index.
   Ⅰ. Osofsky, Howard J. ,ed.

◯

三、《科学进展》的著录

书名冠以 Advances in…或 Progress of（in）…的出版物译名为
"……科学进展"。科学进展是一种综述一定时期内某一科学领
域的发展和成就的出版物。其特点是以同一书名定期或不定期地
出版，一年一次或多次，或两三年一次地连续出版；一般不标明版
次，有的科学进展载有期标识；出版形式比较复杂；大多数以图书
的形式出版，有时也作为一种刊物的副刊形式刊行，还有的作为学
术会议录的书名或丛书名出现，彼此交叉，情况复杂。这一切造成
编目上的困难。对这一类型图书的处理，应从出版频率、出版形
式、读者查找文献的习惯以及科学进展到馆情况，区别考虑。

　　1. 对于连续出版的科学进展，图书馆准备全部入藏，用未完成
著录法处理。如各卷有分卷书名，可在附注项内说明。

　　例1：

Progress in rural extension and community development/edited by
　　Owen E. Jones and Maurice J. Rolls. —Chichester：Wiley，
　　c1982 –

　　　　V. ；24 cm.

　　Contents：v. 1 Extension and relativeadvantage in rural development
　　ISBN 0 – 471 – 10038 – 2（v. 1）：\$ 50. 00

　　Ⅰ. Jones，Owen E. ，ed.　Ⅱ. Rolls，MauriceJ. ，ed.

○

例2：

```
Advances in engineering software. —
    Vol. 1 , no. 1 （Dec. 1978）–
    . —Southampton：CML Publications
    c1978 –
        V. ：ill. ；30 cm.
    Quarterly.
    Title from cover.



                    ◯
```

2."科学进展"作为丛书名的,按丛书处理。倘若采用丛书分散著录可为丛书名作附加著录。

例：

```
Liquid reckets and propellants／edited by Loren E.  Bolliger…[ et al. ]
    . —New York：Academic Pr. , 1960.
    682 p. ： ill. ；20 cm. —（Progress in astronautics and rocketry；v. 2）
    Ⅰ. Series.



                    ◯
```

3."科学进展"作为会议录书名的,按单本书处理。这类科学进展如果取会议名称或主持会议机构作主要款目标目时,可为书名编制附加款目。

例1:

International Conference on Radiobiology (5th;1950;Stockholm)

  Advances in radiobiology;proceedingsof the …/edited by George
Carl de Hevesy…[et al.].—London;Oliver & Boys,1957.

  503 p.;ill.;21 cm.

  Ⅰ.Title. Ⅱ.De Hevesy,George Carl,ed.

○

例2:

Advances in fluid mechanics;proceedings of a conference held at
  Aachen, March 26—28, 1980/edited by E. Krause.—Berlin;
  Springer,1981.

  361 p.;ill.;25 cm.—(Lecture notesin physics;v.148)

  Includes bibliographical references andindex.

  ISBN 0－387－11162－X(pbk)

  Ⅰ.Krause, E.,ed. Ⅱ.Series.

○

思考题

1. 连续出版物的定义、种类及其特点。

2. 连续出版物的著录特点。

3. 连续出版物的标目选取原则。

4. 刊名变更的处理办法及其利弊。

5. 年鉴、人名录以及科学进展的种类。

参考文献

1. 陈啸山译. AACR2 有关连续出版物著录规则的修订. 津图学刊,1982(2):

158 – 159

2. 国际图书馆协会、学会联合会. 国际连续出版物标准书目著录联合工作组编. 国际标准书目著录(连续出版物). 第 1 标准版. 北京:书目文献出版社,1983. 116

3. 居芳菲,潘胜利. 国际标准书目著录在上海图书馆的应用. 图书馆学研究,1982(6):40 – 48

4. 潘胜利. 外文期刊刊名著录浅谈. 江苏省图书馆工作,1982(4):41 – 43

5. 王作梅,严一桥编著. 西文图书编目. 武汉:武汉大学图书情报学院,1985:193 – 225

6. 吴龙涛. AACR2 用于期刊著录中的一些问题. 图书馆学通讯,1983(2):77 – 79

7. 吴龙涛. 漫谈外文期刊的卷、期、年、月或其他标识项的著录. 图书馆学研究,1983(2):94 – 99

8. 吴龙涛. 外文期刊著录标准化初探. 图书情报工作,1982(3):9 – 12

9. 夏勇,周子荣编著. 西文编目实用教程. 杭州:浙江大学出版社,1989:222 – 280

10. 谢宗昭主编. 文献编目概论. 南京:南京大学出版社,1990:399 – 414

11. Joint Steering Committee for Revision of AACR. AngloAmerican cataloguing rules. Edited by M. Gorman and P. W. Winkler. 2nd ed. , 1988 revision. Chicago:ALA, 1988:274 – 298

12. Maxwell, M. F. Handbook for AACR2: explaining and illustrating Anglo – American cataloguing rules second edition. Chicago:ALA, 1980: 213 – 233

第九章　非书资料著录

第一节　非书资料的类型与特征

目前,国内外非书资料(Non－book materials,简称 NBM)的概念与类型众说纷纭。有人认为"凡图书馆入藏资料中那些不属于书刊、小册子等常规出版物——即印刷品——范畴的统称为非书资料"。也有人认为"凡是不以书籍形态出现,或虽以书籍形态出现,但不必依照书籍分编的出版物统称为非书资料"。还有人认为除了常见的图书、期刊、政府出版物外,其余的出版物统称为非书资料。由此可见,非书资料是一部分文献的总称。GB3792.4－85《非书资料著录规则》根据 ISBD(NBM)的使用范围对非书资料下了一个定义,它认为非书资料是指"以音响、形象等方式记录有知识的载体"。

随着科学技术的发展,非书资料的类型日益增多。非书资料按出版形式可以分为七大类:即录音资料、缩微品、影片与录像资料、图像资料、计算机文档、立体人工制品与实物教具以及配套资料。非书资料的类型包括:

录音资料(Sound recordings)

唱片(sound disc)

录音带(sound tape)

匣式循环录音带(sound cartridge)

盒式录音带（sound cassette）

开盘式录音带（sound tape reel）

声道胶片（sound track film）

开盘式声道胶片（sound track film reel）

缩微品（Microforms）

开窗式缩微卡（aperture card）

缩微平片（microfiche）

缩微胶卷（microfilm）

匣式缩微胶卷（microfilm cartridge）

盒式缩微胶卷（microfilm cassette）

开盘式缩微胶卷（microfilm reel）

缩微照片（microopaque）

影片（Motion pictures）

匣式循环影片（film cartridge）

盒式影片（film cassette）

循环影片（film loop）

盘式影片（film reel）

录像资料（Videorecordings）

匣式录像带（videocartridge）

盒式录像带（videocassette）

录像盘（videodisc）

盘式录像带（videoreel）

图像资料（Graphic materials）

美术原作（art original）

美术印刷品（art print）

美术复制品（art reproduction）

图表（chart）

声画图片（flash card）

活动挂图(flip chart)

图画(picture)

明信片(postcard)

广告画(poster)

工程图,技术图(technical drawing)

挂图(wall chart)

幻灯条片(filmslip)

幻灯卷片(filmstrip)

幻灯片(slide)

投影片(transparency)

照片(photograph)

射线照片(radiograph)

立体照片(stereograph)

计算机文档(Computer files)

计算机磁带(computer tape reel)

计算机磁盘(computer disk)

计算机光盘(computer laser optical disk)

立体人工制品与实物教具(Three-dimensional artefacts and realia)

艺术原作(art original)

艺术复制品(art reproduction)

立体布景模型(diorama)

智力玩具(game)

(显微镜)标本玻璃片(microscope slide)

(与实物等大的)模型、样品(mock-up)

模型(model)

教具(realia)

配套资料(Mutimedia of kit)

由此可见,非书资料的种类繁多。非书资料与印刷型文献相比,其传递信息的功能基本相同,但在某些方面则有所不同。

1. 介质

印刷型文献与非书资料的媒介物不同。前者是纸张,而后者绝大多数是感光材料或磁性材料等。

2. 编号

印刷型文献一般载有国际标准编号。例如,图书载有国际标准书号,连续出版物载有国际标准连续出版物号。这些编号既有利于电子计算机检索文献,又有利于采购文献。但是,非书资料到目前为止,还没有国际统一的编号。

3. 阅读条件

印刷型文献的阅读不受时间、地点、阅读设备的限制,而绝大多数的非书资料则要借助于相应的阅读设备方可阅读。缩微品要借助显微阅读机;录音资料要借助录音机或唱机;计算机文档要借助计算机与终端设备等等。尽管非书资料在阅读方面不如印刷型文献方便,但它信息容量大,携带方便。

4. 保管

印刷型文献体积大,占据书库空间大,而非书资料体积小,重量轻,容量大,大大地节省书库存储空间。除此而外,现代的许多印刷型文献都使用机器造的纸张来印刷,随着时间的推移,好些书籍的纸张易黄、易碎,不便于长期保存。印刷型文献保管起来较为麻烦,不仅要防火而且要防潮、防虫、防鼠、防晒、防高温等等。非书资料在保管方面主要是掌握好室内温、湿度,若保存得当,可较长期供读者使用,而且复制方便。

第二节　非书资料著录条例的发展过程

非书资料的著录条例是随着非书资料的产生而产生,随着非书资料的发展而发展的。早在 19 世纪 90 年代,美国国会馆开始收藏和使用电影。到了 20 世纪 50 年代,英、美两国开始将非书资料用于教育。20 世纪 60 年代后期,英、美的某些教育图书馆开始较多地收集非书资料。

随着科学技术的发展,非书资料更多地得到应用。然而早期的文献编目条例往往忽略非书资料的著录,致使一些专业图书馆不得不自行制定一些适用于非书资料的著录规则,以便妥善地处理馆内所收藏的非书资料。在这种情况下产生了专门的编目规则。英、美两国非书资料的著录条例是从制定影片著录条例开始的。1963 年,英国专业图书馆与情报机构协会(Association of Special Libraries and InformationBureaux,简称 Aslib)编写了《影片编目规则》。1967 年,美国图协出版的《英美编目条例》(北美版)就是参照上述条例,制定了 AACR1 的第 12 章"电影与电影卷片"。随着科学技术的飞速发展,产生了一些新型的非书资料,致使非书资料的类型逐年增多。这就要求编目条例作出相应的反映和规定。而 AACR1 没有充分考虑非书资料的著录问题。直至 20 世纪 70 年代后期才出现好些非书资料的编目规则。1972 年,美国教育协会视听教育组(Department of Audiovisual In – struction, National Education Association)制定了《非印刷资料编目标准》。1973 年,英国图协视听资料编目规则委员会(The Library Association's Media Cataloguing RulesCommittee)制定了《非书资料编目规则》。与此同时,加拿大图协出版了韦赫斯(Jean Riddle Weihs)等人著的《非书资料:联合入藏的组织工作》。1967 年,美国教育交流与技术协会(Association for Educational Communications andTechnology)在华盛顿出版了由蒂林(Alma Tillin)和昆利(William J. Quinly)编写的《非书资料编目标准的解释与应用》(第 4 版)。这一切都为 AACR2 非书资料著录规则的问世奠定了坚实的基础。1978 年 AACR2 正式出版,它明确规定了录音资料、缩微品、影片与录像资料、图像资料、立体人工制品与实物教具、配套资料以及计算机文档的著录规则。近几年,微机文档层出不穷。如前所述,AACR 修订本联合筹划委员会为适应这一新情况,根据坦普尔顿与威顿合著的《计算机软件编目研究:AACR2 在微机程序中的应用》,以及美国图协分类编目部编目委员会编纂的《微机软件应用 AACR2 第九章编目的准则》,全面地改写了 AACR2 第九章的内容,并将原有章节名称"机读数据文档"(Machine – Readable Data Files)改为"计算机文档"(Computer Files)。1988 年出版的 AACR2 修订本为非书资料著录提供了一部较为完善的著录条例。

1985 年,我国文标会六分会根据 GB3792.1 – 83《文献著录总则》及 ISBD(NBM)的原则,结合我国情况特制定了 G133792.4 – 85《非书资料著录规则》。该国家标准于 1985 年 2 月 12 日由国家标准局发布,同年 10 月开始实施。此外,在我国《西文文献著录条例》中列入了非书资料的著录内容。总而言之,非书资料的著录问题已逐渐地引起我国编目界的重视,它将在西文文献编目工作中逐渐得以完善。

第三节　非书资料的著录特点

著录文献的主要目的是揭示文献内容,向读者提供多种检索途径,充分开发文献资源。为达此目的,编目员要从图书馆收藏文献的角度,以非书资料款目能与普通图书款目兼容为基点,著录所有的非书资料。非书资料的著录内容取决于读者的检索要求与文献自身的特征,尤其是款目要明确反映非书资料的类型与特点。本节着重阐述非书资料的著录特点。

一、主要信息源与著录格式

1. 主要信息源

普通图书一般由书衣、封面、扉页、书名页、附加书名页、版权页、目次、序言、正文、参考书目、索引等部分组成。书名页上著录项目较为齐全,是图书的主要信息源。而非书资料的特征别具一格,其主要信息源比普通图书较为复杂。

录音资料的主要信息源为文献本身及其标签等。

缩微品的主要信息源为题名帧。若无题名帧则依据缩微胶片片头、容器、附件等著录文献。

影片与录像资料的主要信息源为题名帧。在无题名帧的情况下可依据容器、标签、附件等著录文献。

图像资料的主要信息源为文献本身及其标签。假如文献本身和标签上的内容不全面,可依次选用容器、附件以及其他来源著录文献。

计算机文档的主要信息源为题名幕。若无题名幕则根据容器上所载的内容著录文献。

立体人工制品与实物教具的主要信息源为文献本身、容器、附件等。

配套资料依据所配套文献本身的主要信息源著录。

2. 著录格式

西文非书资料与西文普通图书一样存在着段落式与悬行式两种著录格式。非书资料在著录项目的设置、著录项目的顺序以及标识符号的使用方面与普通图书基本相同,但著录内容各异。

西文非书资料责任者主要款目著录格式为:

索书号　　责任者作主要款目标目.

正题名[一般文献类型标识]＝并列题名:副题名及说明题名文字/第一责任说明;混合责任说明. — 版本说明/与本版有关的责任说明. — 出版发行地:出版发行者,出版发行日期(制作地:制作者,制作日期)

文献数量及其单位:图表及其他形态细节;尺寸＋附件说明. —(正丛编名＝并列丛编名:副丛编名及说明丛编名文字/丛编责任说明,丛编的国际标准连续出版物号;丛编号.附属丛编名)

附注项

国际文献标准编号(装订形式):价格

根查项

◯

例1:盒式录音带的主要款目

Underwood, Mary.

Day to day life [sound recording]/Mary Underwood and Pauline Barr. —Oxford:Oxford Univ. Pr., 1980.

3 sound cassettes (180 min.) ＋3 pamphlets. —(Listeners;series A)

Contents:pt. 1 Homes and houses:shopping—pt. 2 Getting about:money—pt. 3 Jobs aroundthe house:easting

Ⅰ. Barr, Pauline. Ⅱ. Title.

◯

例2:唱片的主要款目

Diamond, Neil.

Jonathan Livingston Seagull [sound recording]/words and music by Neil Diamond. —New YorkColumbia Records, c1973.

1 sound disc (52 min.) :33 $\frac{1}{3}$ rpm, stereo;12in. + 1 pamphlet

Produced by Tom Catalano.

Original motion picture sound track.

Ⅰ. Catalano, Tom. Ⅱ. Title.

○

例 3:开盘式缩微胶卷的主要款目

The British statesman:a journal to the

interests of the people [microform]. —No. 1 (March 1842) –   . —

London:R. Chambers, 1842 –

microfilm reel;35 mm.

Weekly.

Lib. has: no. 1(1842) – no. 46 (1843)

○

倘若西文非书资料以题名作主要款目标目,其著录格式采用悬行格式(参见例3),即从题名与责任说明项至制作年这一段落移行时,以正题名为基准缩入两个字母,接着著录。其他段落移行与正题名对齐。

二、非书资料各著录项目的著录特点

1. 一般文献类型标识

非书资料类型繁多,文献类型的不同决定着阅读条件的不同。因此,非书资料可依据《西文文献著录条例》的有关规定,选择适用的"一般文献类型标识"著录在正题名后,并置于方括号内。西文普通图书可以不著录此项。

　　《西文文献著录条例》规定的一般文献类型标识如下:

art original	艺术原作
art reproduction	艺术复制品
braille	布莱叶盲字
chart	图表
computer file	计算机文档
diorama	立体布景模型
filmstrip	幻灯卷片
flash card	声画图片
game	智力玩具
globe	球仪
kit	配套资料
manuscript	手稿
map	地图
microform	缩微品
microscope slide	(显微镜)标本玻璃片
model	模型
motion picture	影片
music	乐谱
picture	图画
realia	实物教具
slide	幻灯片
sound recording	录音资料
technical drawing	技术图
text	印刷本
transparency	投影片

videorecording 　　　　　录像资料

例:

Changing Africa [kit]

West Germany[slide]

一般文献类型标识(General material disignation,简称 GMD)是概括地表示某一文献所属的文献类型的术语。例如:sound cartridge, sound disc, sound tape reel. sound trac

film 的一般文献类型标识为"sound recording"。

2. 出版、发行项

普通图书是一种印刷型文献。它是由出版社出版,印刷厂印刷而成的。在出版、发行项中著录出版地、出版者、出版年。非书资料除了著录出版地、出版者、出版年外,还可以著录非书资料的制作地、制作者、制作年。非书资料著录这些内容有利于读者与馆员了解非书资料的质量。

例:

[S. 1. ;s. n.] ,1970 (London:High Fidelity Sound Studios. 1971)

3. 载体形态项

非书资料在载体形态项内不著录文献的页数或卷数,而是根据非书资料自身的特征进行著录。因此,非书资料载体形态项中的著录单元与著录方法别具一格。现分述如下:

(1)录音资料的载体形态项

录音资料载体形态项的著录单元包括文献数量、运转时间、转速、声道数、尺寸、附件。附件的著录方法与普通图书附件的著录方法相同,在此不再详细说明。

a. 文献数量

录音资料的文献数量是由阿拉伯数字和数量单位标识两部分构成。录音资料数量单位标识包括:sound cartridge(匣式循环录音带),sound cassette(盒式录音带),sound disc(唱片),sound tape reel（开盘式录音带），sound track film（声道胶片）。

例：

1 sound cassette

b. 运转时间

录音资料的运转时间按文献所载的情况进行著录，并置于圆括号内。若未注明运转时间，可按实际运转时间著录，并冠以"ca."字样。

例：

1 sound cassette（85 in.）

3 sound cassettes（ca.140 min.）

c. 转速

录音带以"ips"（ips = inches per second）为单位著录其转速，即每秒运转多少英寸。唱片以"rpm"（rpm = revolutionsper minute）为单位著录其转速，即每分钟多少转。影片声道以"fps"（fps = frames per second）为单位著录其转速，即每秒多少画面格。

例：

1 sound cassette（85 min.）：$3\frac{3}{4}$ ips

d. 声道数

录音资料根据文献自身的具体情况，选用 mono.（单声道），stereo.（立体声），quad.（四声道）这些术语著录声道数。

例：

1 sound cassette（85 min.）：$3\frac{3}{4}$ ips, mono

e. 尺寸

录音资料尺寸的著录较为复杂。

匣式循环录音带以 in.（英寸）为单位著录其外形尺寸（长 × 宽）和磁带宽度，若属标准规格不予著录。匣式循环录音带外形尺寸的标准规格为 $5\frac{1}{4} \times 7\frac{1}{8}$ 英寸，磁带标准宽度为 $\frac{1}{4}$

218

英寸。

盒式录音带以 in.（英寸）为单位著录其外形尺寸（长×宽）和磁带宽度。标准规格不著录。盒式录音带标准外形尺寸 $3\frac{7}{8}\times2\frac{1}{2}$ 英寸，其磁带标准宽度 $\frac{1}{8}$ 英寸。

例：

1 sound cassette (85 min.) :$3\frac{3}{4}$ips, mono. ;$7\frac{1}{4}\times3\frac{1}{2}$in. , $\frac{1}{4}$in. tape

开盘式录音带以 in.（英寸）为单位著录其直径和磁带宽度。磁带的标准宽度 $\left(\frac{1}{4}\text{英寸}\right)$ 不著录。

例：

1 sound tape reel (60 min.) :$7\frac{1}{2}$ips, mono. ;7 in. , $\frac{1}{2}$in. tape

唱片以 in.（英寸）为单位著录其直径。

声道胶片以 mm.（毫米）为单位著录其胶片宽度。

例：

1 sound track film reel (10 min.) :25 fps;16 mm

下面举几个录音资料的著录实例。

例1：匣式循环录音带

> 20 solid gold hits[sound recording]:
>
> original hits/by original artists. —[S. 1.]:
>
> Adam Ⅷ Ltd. , c1975.
>
> 1 sound cartridge:$3\frac{3}{4}$ips, quad.
>
> ○

例2：盒式录音带

220

Cenesis of a novel [sound recording] : a documentary on the writing regimen of Georges Simenon. —Tucson, Ariz. : Motivational Programming Corp. , c1969.

1 sound cassette (24 min.) : 1 $\frac{7}{8}$ ips, 2 track, mono. —(20th century European authors)

○

例 3 : 唱片

Carroll, Lewis.

Alice's adventures in Wonderland [sound record – ing] : the Lewis Carroll classic, complete/musiccomposed by Alec Wilder; produced by ModernVoices. —New York : Released by Bill GrauerProductions, 1957.

4 sound discs (ca. 176 min.) : 33 $\frac{1}{3}$ rpm, mono. ; 12 in.

(Continued on next card)

○

(Card 2)

Carroll, Lewis.

Alice's adventures in Wonderland.

Read and sung by Cyril Ritchard : music playedby the New York Woodwind Quintet.

Recorded in New York City, spring and summer1957.

Text (facsim. of 1865 ed. , 192 p.) laid in con – tamer ; notes on container.

I . Title.

○

（2）缩微品的载体形态项

缩微品载体形态项的著录单元包括文献数量、负片、图表、色彩、附件。

a. 文献数量

缩微品的文献数量是用阿拉伯数字以及数量单位标识表示的。缩微品的数量单位标识包括 aperture card（开窗式缩微卡），microfiche（缩微平片），microfilm cartridge（匣式缩微胶卷），microfilm cassette（盒式缩微胶卷），microfilmreel（开盘式缩微胶卷），microopaque（缩微照片）。

例：

1 microfilm reel

b. 负片

缩微品是负片时，应著录"negative"。

例：

15 microfiches：negative

c. 图表

缩微品中若有插图，其著录方法与图书插图相同。倘若整本文献均是图表，则著录"all ill."。

例：

1 microfilm reel：negative，ill.

15 microfiches：all ill.

d. 色彩

对于不附图表，全部彩色或部分彩色的缩微品，其色彩用"col."表示。对于附插图的彩色缩微品用"col. &ill"表示。倘若缩微品仅有彩色插图时，用"ill."表示。

例：

1 microfilm reel：col.

1 microfilm reel：col. &ill.

1 microfilm reel:col. ill. , col. maps

下面举几个缩微品的著录实例。

例 1:开盘式缩微胶卷

MacLeod, Anne Scott.

A moral tale [microform]: children's fictionand American culture. 1820 – 1860/by Anne Scott MacLeod. —Ann Arbor, Mich. :Univ. Micro – films, 1973.

1 microfilm reel:35 mm.

Ⅰ. Title.

○

例 2:缩微平片

Library History Seminar (4th:1971:Florida State University)

Library History Seminar, no. 4 [microform]: proceedings, 1971/edited by Harold Goldstein, JohnM. Goudeau. —Tallahassee: [s. n.], c1972.

4 microfiches:negative;11 × 15 cm.

○

例 3:缩微照片

Georgi, Charlotte.

Twenty – five years of Pulitzer Prize novels,1918 – 1948 [microform]:a content analysis/byCharlotte Georgi. —Rochester, N. Y. : Univ. ofRochester Pr. for Association of College and Re – search Libraries, 1958.

4 microopaques;8 × 13 cm. —(ACRL micro – card series;no. 96)

○

(3)影片与录像资料的载体形态项

影片与录像资料载体形态项包括文献数量、运转时间、音响、色彩、投影速度、尺寸、附件等著录单元。

a. 文献数量

影片与录像资料载体形态项中的文献数量是由阿拉伯数字和数量单位标识两部分构成。电影与录像资料的数量单位标识包括 film cartridge(匣式循环影片),film cassette(盒式影片),film loop(循环影片),film reel(盘式影片),videocar - tridge(匣式录像带),videocassette(盒式录像带),videodisc(录像盘),videoreel(盘式录像带)。

例:

1 film loop

1 videodisc

b. 运转时间

电影与录像资料运转时间与录音资料相同,参照录音资料运转时间的著录方法著录。

例:

1 film loop (4 min. , 30 sec.)

1 videodisc(80 min.)

c. 音响

音响分为有声(sd.)与无声(si.)两类。

例:

1 videodisc(80 min.):sd.

d. 色彩

电影与录像资料用"b&w"和"col."分别表示"黑白"和"彩色"。

例:

1 film reel(10 min.):sd. ,col.

e. 投影速度

以"fps"为单位著录投影速度。

例:

1 film reel (10 min.):sd., col., 25 fps

f. 尺寸

影片以毫米(mm.)为单位著录其胶卷宽度。

例:

1 film reel (10 min.):sd., col., 25 fps;16 mm

录像带以英寸(in.)为单位著录其宽度。

例:

1 videocasstte(15 min.):sd., col. ;$\frac{3}{4}$ in.

录像盘以英寸(in.)为单位著录其直径。

例:

1 videodisc (ca.35 min.):sd., b&w;12 in.

下面举几个影片与录像资料的实例。

例1:匣式循环影片

Japanese tea ceremony [motion picture]/
Walt Disney Productions. —Santa Ana. Calif. :
Doubleday Multimedia, 1971.
    1 film cartridge (4 min.): si., col. ; super 8mm. + 1 study
guide. —(Japan series)
    From the 1961 motion picture entitled: Japanharvests the sea.
    Released by International Communications Filmsin 1968

○

例2:盘式影片

Alice in Wonderland [motion picture]/Walt

Disney Productions; producer, Ben Sharpsteen; director, Clyde

Geronimi; animation, Milt Kahl. —Santa Monica, Calif. : RKO

Radio Pictures,1951.

3 film reels (ca. 75 min.) : sd. , col. ;35 mm.

(Continued on next card)

○

(Card 2)

Alice in Wonderland.

Credits: Story, Winston Htbler; music, Oliver Wallace; film editor, Lloyd Richardson.

Based on: Alice's adventures in Wonderland/by Lewis Carroll.

I . Carroll, Lewis. Alice's adventures in Won – derland. II .

Sharpsteen, Ben. III. Geronimi, Clyde. IV. Walt Disney

Productions.

○

例3:盒式录像带

Navajo [videorecording] : the fight for

stirvival. —London : BBC – TV ; New York :

Released in the U. S. by Time – Life Video, [1972?]

1 videocassette (50 min.) : sd. , col. ; $\frac{3}{4}$ in.

○

---

(4)图像资料的载体形态项

图像资料载体形态项的著录单元由文献数量、其它形态细节、尺寸以及附件四部分组成。

a. 文献数量

图像资料的文献数量由阿拉伯数字和数量单位标识两部分构成。图像资料常用的数量单位标识有 art original（美术原作），art print（美术印刷品），art reproduction（美术复制品），filmslip（幻灯条片），filmstrip（幻灯卷片），slide（幻灯片），transparency（投影片、透明图片）等。

例：

5 filmstrips

12 slides

b. 声响

声响与图像融为一体的幻灯文献，其声响用"sd."表示。若声响录在另一载体上，则作为附件处理。

例：

5 filmstrips：sd.

12 slides：col. + 1 sound dise

c. 色彩

图像资料可以用黑白（b&w）、彩色（col.）或具体的色名表示其色彩。

例：

5 filmstrips：sd. , col.

1 photograph：sepia

d. 尺寸

幻灯片、美术原作以及美术复制品等以厘米（cm.）为单位著录其高与宽。5 ×5cm, 的幻灯片不著录尺寸。幻灯卷片与幻灯条片以毫米（mm.）为单位著录胶片的宽度。

例：

1 slide：b&w；7 ×7cm.

1 filmstrip（70 fr.）：sd. ,col. ；35 mm.

下面举几个图像资料的实例。

例1:美术原作

> Brueghel, Pieter.
>> Death of the Virgin [art original]. —[1564]
>> 1 art original:tempera on wood;26 × 55 cm.
>> Ⅰ. Title.
>
> ○

例2:美术复制品

> Manet, Edouard.
>> The fifer [picture]/Manet. —[New York]:Shorewood Pr. , [19
> −]
>> 1 art reproduction:photogravure, col. ;57 × 70cm.
>> Original in Louvre Museum, Paris.
>> Ⅰ. Title.
>
> ○

例3:图表

> The Great ages of man [chart]. —[New York
>> :Times Inc. , 1967]
>> 1 chart:col. ;53 × 63cm. folded to 27 × 21 cm.
>
> ○

例4:幻灯卷片

Woodland friends ［filmstrip］. —Wilmette, Ill. : Encyclopaedia
Britannica Films, c1960. 1 filmstrip （36 fr. ）: col. ; 35 mm. —
（Animalsof the forest）

　　Ⅰ. Series

○

例 5 :幻灯片

West Germany ［slide］:the land and its people.
　　—Chicago:Society for Visual Education,
　　［196 – ?］
　　25 slides:col. + / commentary.

○

例 6 :投影片

Learning "look – it – up" skills with an encyclopedia ［transparency］/
prepared by the Department of Educational Services in cooperation with
Audio – Visual Services, Field Enterprises Educational Corporation. —
Chicago:The Corporation, c1966.
8 transparencies:col. ;26 × 26 cm.
"Directions for teachers" included on folder.

○

（5）计算机文档的载体形态项

计算机文档载体形态项的著录单元由文献数量、其他形态细
节、尺寸以及附件构成。

a. 文献数量

计算机文档的文献数量是由阿拉伯数字和数量单位标识两部

228

分构成。计算机文档的数量单位标识有 computer car‒tridge（匣式计算机磁带），computer cassette（盒式计算机磁带），computer disk（计算机磁盘），computer reel（卷式计算机磁带）等。

例：

1 computer disk

b. 其它形态细节

倘若计算机文档被译为声码，应在其它形态细节中著录"sd."。倘若计算机文档能显示出两种或多种色彩，可在该著录单元内著录"col."。

例：

1 computer disk cartridge：sd.，col.

c. 尺寸

计算机磁盘以英寸（in.）为单位著录其直径；匣式计算机磁带以英寸为单位著录其匣子的长度，盒式计算机磁带以英寸为单位著录其盒子的长度与宽度。卷式计算机磁盘不著录尺寸。

例：

1 computer disk：col.；$5\frac{1}{4}$ in.

（5）立体人工制品与实物教具的载体形态项

立体人工制品与实物教具的载体形态项由文献数量、材料、色彩、尺寸以及附件组成。

a. 文献数量

立体人工制品与实物教具的文献数量均由阿拉伯数字与数量单位标识构成。此类文献的数量单位标识包括 art ori‒ginal（艺术原作），art reproduction（艺术复制品），braillecassette（布莱叶盲字），diorama（立体布景模型），exhibit（展品），game（智力玩具），microscope slide（显微镜标本玻璃片），mock‒up（与实物等大的模型、样品），model（模型）。

例：

1 game

2 dioramas

6 microscope slides

b. 材料

立体人工制品与实物教具要著录制作物体所使用的材料。如果在此处无法使用简洁的文字加以表述,可在附注项中说明。

例：

2 models（various pieces）:polystyrene

1 quilt:cotton

c. 色彩

凡是彩色的物体著录"col."；黑白的物体著录"b&w"；其它 1 至 2 种颜料染成的物体可根据具体情况著录色彩。

例：

1 model:wood, blue

1 paperweight:glass, col.

d. 尺寸

立体人工制品与实物教具根据自身的具体情况,以厘米（cm.）为单位著录共长、宽、高。

例：

1 sculpture:polished bronze;110 cm. high

6 microscope slides stained;3 ×8 cm.

1 jigsaw puzzle wood, col. ;to box 25 ×32 ×5 cm

下面举几个立体人工制品与实物教具的实例。

例1:立体布景模型

Christmas scene [diorama]. —Providence,

R. I. :Providence Lithograph Co. , 1959.

1 diorama (various pieces) :carboard, col. ;37 × 56 × 26 cm.
folded to 26 ×38 ×2 cm.

Includes 3 groups of figures: Mary, Joseph, thebaby Jesus, and
2 groups of shepherds and sheepwith stable background;in envelope

◯

例 2 :(显微镜)标本玻璃片

[Stomach of a frog, trangenttal section]

[microscope slide]. —[1955]

1 microscope slide :stained :3 ×8cm.

Made by Robert M. Craig.

Ten microns; stained with Zenker's stain

Ⅰ. Craig. Robert M.

◯

例 3 :教具

Coal[realia] :plant life to plastics. —

Washington: Bituminous Coal Institute, Education Dept. ,
[196 – ?]

1 exhibit (12 pieces) :col. ;in folder, 25 × 17 ×2cm.

Samples of coal and coal products.

◯

第四节　非书资料检索点的选择

一、录音资料

1. 一部作品(如:乐曲、课文等)的录音资料,取与作品相应的责任者作主要款目标目,为主要信息源中出现的主要执行者(例如:歌唱者、朗读者、管弦乐队等)编制附加款目。

例:

Uttley, Alison.

　　How many miles to Babylon?〔sound recording〕/by Alison Uttley;read by David Davis

该文献取著者"Uttley,Alison."作主要款目标目,分别为朗读者"Davis,David."与题名编制附加款目。

倘若主要执行者不止三个时,只为第一个执行者编制附加款目。

2. 同一责任者(个人著者或机关团体)的两部或多部作品的录音资料,取与作品相应的责任者作主要款目标目,为主要执行者编制附加款目。如果主要执行者不止三个,则只为第一个执行者编制附加款目。

例:

Dylan, Bob.

Any day now:songs of Bob Dylan〔sound recording〕/sung by Joan Baez

此文献取著者"Dylan, Bob."作主要款目标目,分别为演唱者"Baez, Joan."与题名编制附加款目。

3. 凡载有总题名的多著者作品的录音资料,具有主要执行者时,取执行者作主要款目标目。

例:

Harris, Emmulou.

Pieces of the sky [sound recording]

(Songs by various composers performed by Emmulou Harris)

此文献属于"Harris, Emmulou."演唱了多个作曲者创作的歌曲,取演唱者"Harris, Emmulou."作主要款目标目。

二、缩微品

缩微品是原件的复制品,应根据原件的情况选取主要款目标目。

例1:

MacLoed, Anne Scott.

A Moral tale [microform] children's fiction and American culture, 1820 – 1860/Anne Scott MacLoed. —Ann Arbor, Mich. ; Univ. Microfilms, 1973.

此例是一部单行著作的缩微胶卷。对于单个著者的著作,取著者"MacLoed,Anne Scott."作主要款目标目,为正题名编制附加款目。

例2:

The British statesman: a Journal to the interests of the people [microform]. —No. 1(March 1842) –

. —London: R. Chambers, 1842 –

此例是一种杂志的缩微胶卷,它根据期刊的标目选取原则,取题名作主要款目标目。

三、影片与录像资料

1. 影片与录像资料一般取片名作主要款目。

例：

The Future world〔motion picture〕/made by L.

 Smith；edited by M. Sheen and J. Sink；directed by L.

 Haflong；Casters P Fant and B. Larphen；music B Jackson

此影片不属于责任者作主要款目标目的范畴，故取片名作主要款目标目。

2.主要责任者十分明确的专题纪录片，取制片者作主要款目标目，分别为解说者和片名编制附加款目。

例：

Creagh，J.

 Rocky mountain〔videorecording〕/produced by J. Creagh；speaker, Jan Hart

此文献取制片者"Creagh,J."作主要款目标目，为解说者和片名作附加著录。

3.记录演出团体集体活动的影片和录像资料。这些演出团体不仅仅担负演出执行的任务，并承担团体责任时，可以取表演团体作主要款目标目。

四、图像资料、立体人工制品与实物教具以及计算机文档

1.参照第五章的有关规定，根据文献责任说明的情况选择主要款目标目。

例1：美术复制品

Gainsborough，Thomas.

 The blue boy〔picture〕/Thomas Gainsborough. —West Hartford, Conn.：Library Art Print Gallery, 1980.

 1 art reproduction：col. ；79×57cm.

此例是幅古代名画的复制品，于1980年正式出版。该文献取原作者"Gainsborough, Thomas."作主要款目标目，为题名编制附加款目。

例2:教具

Coal [realia]:plant life to plastics. —

　　Washington:Bituminous Coal Institute, 1968.

　　1 exhibit (12 pieces):col. ;25 × 17 × 2cm.

此教具没有反映责任者,故取题名作主要款目标目。

2. 复制品根据原作著录。依据原作选取主要款目标目,为复制品的责任者编制附加款目。

例:美术原作

Brueghel, Pieter.

　　Death of the Virgin [art original]. —[1564]

　　1 art original:tempera on wood;26 × 55cm.

　　Ⅰ. Title.

此例为原美术品,取原作者"Brueghel, Pieter. "作主要款目标目,为题名编制附加款目。但是,对未正式出版的原美术品不著录出版地、出版者、出版年,只著录原作的创作年代。

3. 对于由一种载体改为另一种载体的文献,以改作者作主要款目标目,为原作者编制附加款目。若改作者不明确时,取题名作主要款目标目,为原文献编制名称——题名附加款目。

例:形式发生变化的美术品

Galle, Phillipe.

　　The death of the Virgin [picture]. —[1574]

　　1 art print:b&w engraving;31 × 42 cm.

　　Based on the tempera painting by Pieter Brueghel the elder.

　　Ⅰ. Brueghel, Pieter. Death of the Virgin. Ⅱ. Title.

此文献改变了原美术品木制彩蛋画的形式,取改作者"Galle, Phillipe. "作主要款目标目,分别为题名与原作品编制题名附加款目和名称/题名附加款目。

综上所述,非书资料标目的选取问题要注意三点:第一,复制品根据原作著录,反映复制品的特征。第二,凡是容易确认责任者的作品,以责任者作主要款目标目。第三,不适宜用责任者标目的文献,取题名作标目。

思考题

1. 非书资料的种类与特征。
2. 非书资料的著录特点。
3. "一般文献类型标识"的用法及其作用。
4. 比较非书资料与印刷型文献标目选取原则的异同。

参考文献

1. 董新华. 对非书资料著录规则的浅见. 图书馆研究与工作,1988(2):31 -35.
2. 黄俊贵. 文献类型标识符探讨. 广东图书馆学刊,1982(4):7-9.
3. 林明. 非书资料编目实例. 大学图书馆通讯,1988(5):47—50;1988(6):57 -60.
4. 王惠庆. 谈谈图书馆非书资料种类. 江西图书馆学刊,1988(1):51-55.
5. 王作梅,严一桥编著. 西文图书编目. 武汉:武汉大学图书情报学院,1985: 251-271.
6. 夏勇,周子荣编著. 西文编目实用教程. 杭州:浙江大学出版社,1989:329 -392.
7. 谢宗昭主编. 文献编目概论. 南京:南京大学出版社,1990:419-431.
8. Aslib. Film Production Librarians Group. Cataloguing Committee. Film cataloguing rules. London:[s. 1.],1963.71.
9. American Library Association, et at. Anglo - American cataloguing rules. Edited by C. S. Spalding. North - American text. Chicago:ALA, 1967. 400
10. American Library Association, et al. Anglo - American cataloguing rules. Edited by M. Gorman and P. W. Winkler. 2nd ed. Chicago:ALA, 1978. 620
11. American Library Association. Description and Access, Cataloging and Classification Section. Committee on Cataloging. Guidelines for using AACR2

chapter 9 for cataloging microcomputer software. Chicago:ALA, 1984. 32

12. Joint Steering Committee for Revision of AACR. AngloAmerican cataloguing rules. Edited by M. Gorman and P. W. Winkler. 2nd ed. , 1988 revision. Chicago:ALA,1988. 677

13. Library Association. Media Cataloguing Rules Committee. Non – book materials cataloguing rules. London: Notional Council for Educational Technology, Library Association,1973:129

14. National Education Association. Department of Audtovisual Instruction. Standard for cataloging nonprint materials. [S. 1. :s. n.] ,1972.

15. Templeton, R. , Witten, A. Study of cataloguing computer software:applying AACR2 to microcomputer programs. [London] :British Library, c1984.

16. Tillin, A. , Quinly, W. J. Standards for cataloguing nonprint materials: an interpretation and practical application.

4th ed. Washington:Association for Educational Communications and Technology, 1976.

17. Weihs, J. R. , et at. Nonbook materials: the organization of integrated collections. Ottawa : Canadian Library Association, 1973. 134

第十章　舆图资料著录

舆图资料（Cartographic materials）是指按照数学原理,形象化、综合化地缩写、记录地球或其它星球表面现象及相互关系的载体。换言之,舆图资料是以比例尺的形式全面地或局部地显示地球或其它天体的资料。舆图资料包括平面地图和立体地图、航空图、航海图、星体图、球仪、航空照片、卫星照片、地图集、鸟瞰图等。人们最常见的是平面地图与地图集。

第一节　舆图资料的特征

舆图资料是一种特殊类型的文献,它具有别具一格的特征。

一、比例尺

比例尺是表示图上的长度与它所表示的实际长度之比。例如,1:700,000 表示地图 1 厘米长度相当于实际距离 7 公里。地图比例尺一般分为大比例尺,中比例尺和小比例尺三种。比例尺大于 1:100,000 的为大比例尺;小于 1:1,000,000 为小比例尺;介于这两者之间的为中比例尺。

二、地图投影法

地图投影法是把弧形的地面用平面图来表示的一种方法,是地图制图学的组成部分。由于地球表面是不可展开的曲面,当转换为平面时,各点的相对位置必然会产生误差。按照不同特征,舆图投影的种类可作如下划分。

按投影变形性质不同可划分为等角投影、等积投影、任意投影。

1.等角投影

在投影平面上任二方向线所夹的角与地球椭圆上相应的角相等,这种投影比例尺不随方向的变化而变化,变形椭圆在各处描写为大小不等的圆。

2.等积投影

在投影平面上任意有限面积都与地球椭圆体面上相应面积相等,变形椭圆描写成形状不同的椭圆,但其面积与地球椭圆体面上相应的无穷小圆面积相等。

3.任意投影

凡不等角也不等积的投影均称为任意投影。在任意投影中存在长度变形,角度变形和面积变形。变形椭圆在各处描写为大小平等形状各异的椭圆。任意投影变形值介于等角投影和等积投影之间。

按正网经纬线形状可划分为方位投影、圆柱投影、伪圆柱投影、多圆锥投影等。

1.方位投影

地图投影的一类。假想使一个平面与地球相切或相割,用数学方法将地球的经纬线转换到这个平面上。如使切点放在北极或南极,叫"正方位投影"。纬线成同心圆,极点即圆心,经线成交于圆心的一束直线,两经线间的夹角与实地相应的夹角相等。多用于绘制南北半球或其附近的地图。如使切点放在赤道上,叫"横方位投影"。多用于绘制东西半球地图。如使切点放在地面上任意一点,叫"斜方位投影"。多用于绘制水陆半球或某一大陆地图。

2. 圆柱投影

地图投影的一类。假想使一个圆柱与地球相切或相割,用数学方法将地球的经纬线转换到这个圆柱面上。如使圆柱轴与地球自转轴重合,将圆柱面展开为平面后,经纬线则成一组互相正交的平行直线。多用来绘制世界地图或在赤道附近东西延伸地区的地图。

3. 伪圆柱投影

地图投影的一类。根据某些条件修改圆锥投影而得。纬线成同心圆弧,经线除中央经线为直线外都是对称于中央经线的曲线。其中以等积伪圆锥投影应用较广。

4. 多圆锥投影

地图投影的一类。假想使许多圆锥与地球的各纬线一一相切,用数学方法将地球的经纬线转换到各圆锥面上。假使各圆锥轴与地球相转轴重合,将各圆锥面展开为平面后,纬线成同轴圆弧,各圆心位于中央线上,中央经线成直线,其他经线成对称于中央经线的曲线。适用于绘制世界地图和小区域地图。

除上述几种投影法外,还有其他投影法在此不一一阐述。

三、经纬度

舆图通常有经度与纬度以表示某地的方位。经度可分为东经与西经。地球表面东西距离的度数,以本初子午线为零度,以东为东经,以西为西经,东西各一百八十度。通过某地的经线与本初子午线相距若干度,就是这个地点的经度。地球表面南北距离的度数,从赤道到南北两极各分 90 度,在北的叫北纬,在南的叫南纬。

靠近赤道的叫低纬度,靠近两极的叫高纬度。二者之间,45度上下,叫中纬度。通过某地的纬线跟赤道相距若干度,就是这个地点的纬度。舆图的经、纬度著录在文献特殊细节项内。

四、色彩

舆图往往用色彩表示不同的地貌类型和区划。例如:通常用蓝色表示水域,用绿色表示平原或盆地,用黄色表示高原等等。

第二节　著录项目与著录格式

中国图书馆学会与全国文标会六分会,根据舆图资料的特点分别制定了有关的著录条例或国家标准。1985年中国图书馆学会制定了《西文文献著录条例》。1986年国家标准局发布了《地图资料著录规则》。它们是依据ISBD(CM),参考AACR2制定的。然而,两者实例的侧重点不同。因此,人们通常用前者著录西文舆图资料,用后者著录中文舆图资料。本章只阐述《西文文献著录条例》中有关舆图资料的著录规则。

西文舆图资料的著录项目包括:

题名与责任说明项

版本项

文献特殊细节项

出版、发行项

载体形态项

丛编项

附注项

文献标准编号与获得方式项

舆图资料除"文献特殊细节项"外,其它各项中的著录单元与图书各著录项目中的著录单元一致。舆图资料的"文献特殊细节项"的著录单元包括比例尺说明、投影法说明以及坐标与二分点说明。"文献特殊细节项"在 AACR2 中称为"数学数据项"（Mathematical data area）。在《地图著录规则》中称为"数学要素项"。虽然著录项目的名称不同，但著录单元是一致的。

舆图资料与图书的标目形式一样，有的以责任者作主要款目标目，也有的取题名作主要款目标目，故有两种著录格式。

以责任者为主要款目标目的著录格式：

索书号	责任者作主要款目标目.
	正题名［一般文献类型标识］＝并列题名：副题名及说明题名文字／第一责任说明；混合责任说明．— 版本说明／与本版有关的责任说明．—比例尺说明：投影法说明（坐标；二分点）．— 出版发行地：出版发行者，出版发行日期（制作地：制作者，制作日期）
	文献数量及其单位：图表及其他形态细节；尺寸＋附件说明．—（正丛编名＝并列丛编名：副丛编名及说明丛编名文字／丛编责任说明，丛编的国际标准连续出版物号；丛编号.附属丛编名）
	附注项
	国际文献标准编号（装订形式）：价格
	根查项
	〇

例：

242

Wintle, William.

The Golden Chain Council highway map of thenorthern & southern mines [map]:the MotherLode/delineation&cartography by William Win - tle. —Scale ca. 1:700,000. —Murphys, Calif.: Golden Chain Council of the Mother Lode, 1970.

1 map:col. ;57 ×43cm. folded to 22 ×10cm.

Ⅰ.Title.

○

倘若西文舆图资料以题名作主要款目标目,其著录格式要采用悬行格式,即从题名与责任说明项至印制年这一段落移行时,以正题名为基准缩入两个字母接着著录,其他段落著录格式不变。

例:

Western United States;Central United States[map]/Rand Mcnally & Co. —Scale ca.

1:3, 104,640. —Chicago:American Oil Co. ,

c1969. 1 map:col. ;92 ×65cm. folded to 23 ×10cm.

Includes 15 insets.

Ⅰ.Rand McNally & Co. Ⅱ.Title:CentralUnited States.

○

舆图资料是一种特殊类型文献。舆图资料与图书的著录方法的差别之处在于:

1. 主要信息源

舆图资料的主要信息源是文献本身、封套、书壳等。例如,地图的主要信息源是图件本身,往往在地图上载有图名、绘图者、比例尺、投影法、图例以及出版、发行情况等。

2. 一般文献类型标识

西文舆图资料可以根据图书情报部门实际需要，在正题名后著录适用的一般文献类型标识，并置于方括号内。舆图资料的一般文献类型标识包括 map，globe 等（参见第九章第三节）。

3. 文献特殊细节项

舆图资料的文献特殊细节项由比例尺说明、投影法说明、坐标与二分点说明三个著录单元构成。"坐标与二分点说明"属于供选择项目。图书馆可根据实际情况决定取舍。

a. 比例尺说明

地图比例尺是指图上的长度与它所表示的实际长度之比。地图中比例尺的表现形式有多种，有的以比例式的形式出现，还有的以文字的形式出现。无论地图比例尺以何种形式出现，应尽量采用比例式形式著录比例尺，并冠以"Scale"。

例：

原题：$\dfrac{1}{100000}$

著录为：Scale 1：100,000

文字形式的比例说明换算成比例式形式时，应加方括号。

例：

原题：one inch to four miles

著录为：Scale [1：253,440]

图解式比例说明换算成比例式形式时，应标"ca."（大约）字样，并置于方括号内。

例：

Scale [ca. 1：63,360]

舆图资料中有多个比例尺说明，用起讫形式著录。倘若多个比例尺说明不明确时，则著录"Scale varies"。

例：

Scale 1：15,000 – 1：25,000

b. 投影法说明

舆图资料载有投影法时,应照录在比例尺说明之后,在地图投影前标以":"。

例:

Scale 1:24,000;Polyconic prol.

c. 坐标与二分点说明

坐标是指确定平面上或空间中一点位置的有次序的一组数。著录舆图坐标的目的是为了明确舆图的最大区域的限度。在舆图坐标这一著录单元中著录其经纬度。经纬度以六十进制的度、分、秒来表示,并冠以东、西、南、北。两组经纬间用斜线分隔。

例:

(E 79° – E 86°/N 20° – N 12°)

星空图的中心赤纬或南、北缘的赤纬用"度"表示。北天球用"+",南天球用"—",并冠以"Zone"(区)。星空图的中心赤经或东西缘赤经的量度,以"hr."(时),"min."(分)表示。

例:

(Zone +30°, 2 hr. 18 min.)

二分点(equinox,简称 eq.)是黄道或天赤道相交的两点,每年3 月 21 日前后,太阳沿黄道由南半天球进入北半天球时通过天赤道的那一点,称"春分点";每年 9 月 23 日前后,太阳沿黄道由北半天球进入南半天球时通过天赤道的另一点,称"秋分点"。著录二分点时需冠分号,并将坐标与二分点说明置于圆括号内。

例:

(Zones +90°to +81°, +81°to +63°, +63°to +45°eq. 1950)

4. 载体形态项

舆图资料载体形态项包括文献数量、其他形态细节、尺寸、附件四个著录单元。此处只介绍其中三个著录单元的著录特点。

a. 文献数量

舆图资料的文献数量由阿拉伯数字以及自身相应的单位标识

构成。常见的单位标识有：atlas（图集）、globe（地球仪）、smap（地图）、map section（横断面图）、plan（平面图）、remote－ersing image（遥感图）等。

例：

1 globe

2 atlas

3 maps

倘若同一印张上载有多幅地图，或者分别制版的拼图，可根据舆图资料的实际情况著录。

例：

6 maps on 1 sheet

8 map sections on 3 sheets

b. 其他形态细节

舆图资料在其他形态细节项中依次著录地图集的图幅数，色彩、制图材料等。

例：

1 globe：col. , plastic, mounted on wooden stand

c. 尺寸

幅图的尺寸是指图内廓尺寸，用"长×宽"表示；立体模型用"长×宽×高"表示；球仪只著录直径。折叠存放的幅图可以著录折叠后的尺寸。

例：

1 map：col. ；92×65cm. folded to 23×10cm.

第三节　舆图资料检索点的选择

舆图资料可以选用责任者、题名等作检索点。舆图资料标目的选取原则可参照第五章。主要有以下几点。

1. 不符合责任者作主要款目标目(即不属下述两种情况)的舆图资料,取题名作主要款目标目。

例:

Oceanogrphy chart〔chart〕. —Scale 1 : 78,000,000: mercator proj. —Mt.
　　Prospect, I11. : Institute of Enviromental Science, 〔1984〕
　　1 chart : col. diagrams ; 72 × 95cm.

因该图的制图者不明确,故取题名作主要款目标目。

2. 舆图资料为个人制图的,取制图者姓名作主要款目标目(但主要信息中的制图者不得多于三个),并为题名编制附加款目。

例:

Herrmann, Albert.
　　　　Historical and commerical atlas of China〔atlas〕/by Albert
Herrmann. —Scales varies. —Cambridge, Mass.
　　: Harvard Univ. Pr. ,1935.
　　1 atlas(112 p.) ; 33 cm.
　　Ⅰ. Title.

该地图集取对文献知识内容负责的制图者"Hermann, Albert."作主要款目标目,为题名作附加著录。

3. 出自某一机关团体的舆图资料,取机关团体名称作主要款目标目。但它必须具备一个条件——该机关团体既要负出版、发行责任,又要对文献的制作负主要责任。根据图书馆的实际需要,可为题名、主编者、绘图者等编制附加款目。

例:

Tulsa Metropolitan Area Planning Commission.
　　Existing land use, 1964〔map〕/Tulsa Metropolitan Area Planning
Commission. —Scale ca. 1 : 140,000. —Tulsa The Commission, 1965.
　　1 map : col. ; 48 × 40cm.

Ⅰ. Title.

因该图的"Tulsa Metropolitan Area Planning Commis – sion"不仅负出版发行责任,而且对图的制作负主要责任,故取该机构名称作主要款目标目。

思考题

1. 舆图资料的特征及其著录特点。

2. 分析比较舆图资料与图书的著录。

3. 舆图资料检索点的选取原则。

参考文献

1. 夏勇,周子荣编著. 西文编目实用教程. 杭州:浙江大学出版社,1989:281 – 305

2. 中国图书馆学会《西文文献著录条例》编辑组. 西文文献著录条例. 北京:中国图书馆学会,1980:25 – 96

3. Joint Steering Committee for Revision of AACR. AngloAmerican cataloguing rules. Edited by Michael Gorman and Paul W. Winkler. 2nd ed. , 1988 revision. Chicago:ALA,1988:92 – 121

4. Wynar, B. S. Introduction to cataloguing and classification. 6th ed. Littleton, Colorado:Libraries Unlimited, Inc. ,1980:108 – 123

第十一章　目录组织法

图书馆目录组织是指依据一定的目录组织原则和方法,将图书馆编制的各种款目组织成一个有机的整体,各种目录的体系和组织法有所不同,然而无论何种目录都必须成为揭示藏书的检索工具。图书馆目录组织不仅要显示各种目录的不同作用,而且要体现各种目录之间彼此相互联系,相互补充的关系。

图书情报部门的藏书浩如烟海,馆藏文献的内容丰富多彩,千差万别,读者检索文献的途径各式各样。为了充分地揭示馆藏,满足读者对文献的各种需求,必须组织各种不同类型的目录。图书馆目录(Library catalogue)按照目录组织法的不同可分为两大类型:一是按文献的字顺组织起来的字顺目录;二是按文献主题内容的学科体系组织起来的分类目录及主题目录。本章主要讨论字顺目录的组织问题,只在最后一节介绍分类目录的著者号码。

第一节　字顺目录的职能与种类

西文文献的字顺目录,是把款目按拉丁语系的字母顺序作为排列的次序组织起来的目录。

西文字顺目录,可以回答已经知道著者或书名的某一特定图书的询问;可以集中同一著者各种不同形式、不同内容的著述,解答关于某一著者著作入藏的情况;由于人名附加款目的编制,还可以集中有关该著者的材料,有利于研究某一作家的作品和他的思想发展过程。在较完备的著录工作下,可以集中同一著作的不同版本及译本。由于主题款目及各种附加和分析款目的编制,以及各种参照的组入,使字顺目录更能从各个不同角度去反映文献;使一个著者的各种著作,一种著作的各种版本、译本以及各种内容相近的文献,都能因字顺的排列,做到既集中又分散,有利于提高查目效率,补系统目录的不足。

总而言之,西文字顺目录能够充分揭示图书情报部门所收藏的特定题名、特定著者以及特定主题内容的文献,使之成为排列严密有序的检索工具。

西文字顺目录按照文献的不同特征可以细分为:

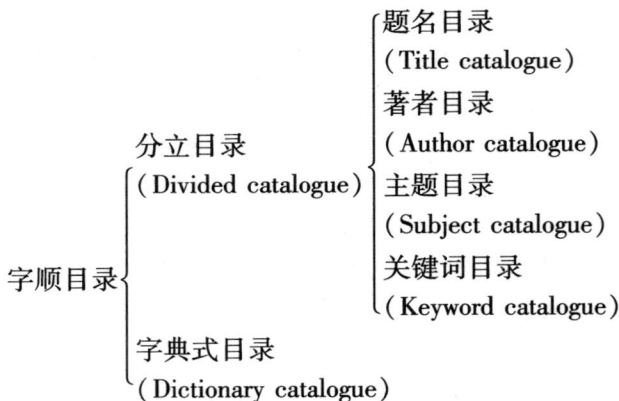

字顺目录
{
分立目录（Divided catalogue）
{
题名目录（Title catalogue）
著者目录（Author catalogue）
主题目录（Subject catalogue）
关键词目录（Keyword catalogue）
}
字典式目录（Dictionary catalogue）
}

将著者款目、题名款目、主题款目以及各种参照片等根据文献的不同特征,按字母顺序分别组织成题名目录、著者目录、主题目录、关键词目录等,这类目录总称为分立目录。

题名目录是由题名主要款目、题名附加款目、题名分析款目、题名参照片等按其字顺组织而成的目录。它可以集中同一著作的不同版本及译本,便于读者从题名角度检索文献。

250

著者目录是由著者主要款目、著者附加款目、著者分析款目、著者参照片等,按其字顺组织而成的。它可以集中特定著者的全部著作,有利于研究某一作家的作品和他的思想发展过程。

　　主题目录是由主题款目、主题分析款目、主题参照片等,按其主题词字顺组织而成的。此种目录能够充分地揭示文献内容。主题目录中的主题词取自主题词表,主题词表中的主题词是规范化的词语。因而,主题目录可以集中同一主题的文献,有利于读者按各自的研究课题检索文献。

　　关键词目录是由关键词款目和关键词参照片等,按关键词字顺组织而成的。此种目录虽能揭示文献的内容,但关键词取自题名,词语不规范。此类词语作标目易出现同一事物的用语前后不一致的现象,难以在同一关键词下集中同一主题内容的全部文献。

　　字典式目录将各种著者款目、题名款目、主题款目以及参照片等,按一个字顺系列,并辅以一定的系统顺序,混合排列组成。

　　字顺目录的组织要求以字母顺序为基础,严格遵守一定的方法排列。但在某些特殊情况下,当字顺排列过于庞杂,使得各种款目在同一系列内,显得凌乱缺乏规律,不易为读者掌握时,应考虑放弃绝对的字顺,适当地按文献其他特征加以系统排列,以弥补字顺排列的缺陷也是必要的。

　　上述我们只是简明扼要地介绍了图书馆目录的种类与作用。至于一个图书馆应设置多少套目录,设置什么目录,则要根据图书馆的类型、藏书规模与特点、服务机构的设置情况,尤其要根据图书馆所担负的任务、服务对象来确定本馆的目录体系。

第二节　检字法简介

　　检索工具中,文字排列次序的检索方法称为检字法。检索拉丁文字最常用的检字法是逐词排列法与逐字母排列法两种。

逐词排列法（Word by word）是以词为单位，词词相比，倘若第一个词中的字母相同，再排第二个词，第三个词，依此类推。国外有人称之为"无在有前"（Nothing before some – thing）。

例：

Hand, Jackson.

Handel, Warren H.

Hass, Ludwik.

Hassall, Jane.

Herm, Gerhard.

Herman, Charlotte.

Herman, George.

逐字母排列法（Letter by letter）是以字母为单位，严格按照拉丁字母顺序排列的方法。此种方法用于组织西文字顺目录。国外有人称它为"一贯排列法"（All through）或"实体排列法"（Solid）。

例：

Handel, Warren H.

Hand, Jackson.

Hassall, Jane.

Hass, Ludwik.

Herman, Charlotte.

Herm, Gerhard.

上述两种检字法的区别在于：逐词排列法是两步到位。首先以词为单位，逐词排列，然后在每一单词中再按字母顺序排。而逐字母排列法则是一步到位。排列中没有词的界线，直接按字母顺序一排到底。

逐词排列法与逐字母排列法各有利弊。逐词排列法可以集中书写形式完全相同的同一个词。但无法聚集书写形式不同的复合词。逐字母排列法则恰恰相反。在此需说明一点，同一检索工具

252

中两者不得同时并用。图书馆必须根据本馆的具体情况,选择其中的一种方法。一旦决定使用哪一种方法,就要始终如一,遵循到底,只有这样才能保证目录排检的一致性。

目前,逐词排列法是一种较为盛行的检字法,它适应计算机编制书本目录的需要。我国《西文普通图书著录条例》和《美国图书馆协会排片条例》都明确规定采用逐词排列法组织西文字顺目录。

第三节 字顺目录组织法

一、字顺目录排列通则

1. 检字法

按照逐词排列法组织图书馆目录。

例:

I met a man

Image books

Image of America

Images of America

Imaginary conversations

Imagism and the imagists

In an unknown land

In the days of giants

2. 首字母缩略词

首字母缩略词排在同字母的最前面。

例:

N. A. G. T.

see

National Association of Geology Teachers.

NBS programming environment workshop report.

Nabokov, Peter.

3. 缩写字

缩写字照原来的拼法排列。地名缩写也照原拼法排列。

例：

Captain Blake

Capt. Robert Boyle

Colonel Carter

Col. Ross of Piedment

The Colonel's daughter

Dr. Achilli

Doctor come quickly

Dr. Mabuse der Spieler

4. 同一文献的不同版本。

同一文献的不同版本,一般是社科书按出版年顺序,科技书按反纪年顺序排列。

例1:按出版年顺序排列

K351.0   Wolpert, Stanley A.

W836.2   A new history of India/Stanley Wolpert. —2nd ed. —New York:

         Oxford Univ. Pr. 1982.

             ix, 472 p. ;ill. ;22 cm.

             Bibliography: p. 417—442.

             ISBN 0 – 19 – 5029250 – X(pbk): ￥31. 80

                                             ○

K351.0   Wolpert, Stanley A.

W836.3   A new history of India/Stanley Wolpert. —3rd ed. —New
          York:Oxford Univ. Pr. ,1989.
              xii, 493 p. :maps;22 cm.
              Bibliography: p. 437—462.
              Includes index.
              ISBN 0 - 19 - 505636 - 1 : ￥109. 14

○

例2:按反纪年顺序排列

Klotz, Irving Myron.
    Chemical themodynamics: basic theory and methods/Irving Myron,
Robert M. Rosenberg. —3rd ed. —[S. 1. :s n.] ,1972
    444p:23cm

○

Klotz,Irving Myron.
    Chemical themodynamics: basic theory and methods/Irving Myron,
Robert M Risenberg. —Rev ed. —New York:Benjamin. 1964
    468p:23cm

○

5. 续片
    同一文献的续片或子目款目排在正片之后,使之成为一个有
机的整体。

```
┌─────────────────────────────────────────────────────────────────────┐
│ Daniels, J M                                                          │
│   Oriented nuclei：polarized targets and beams/JM Daniels. —New York：│
│ Academic Pr. , 1965                                                   │
│   xii, 278 p；ill. ; 23 cm. —（Pure and applied physits：a series of   │
│ monographs and textbooks：v 20）                                       │
│   Bibliography：p. 249—264.                                           │
│                                                                       │
│                                         （Continued on next card）    │
│                                                                       │
│                              ◯                                       │
└─────────────────────────────────────────────────────────────────────┘

┌─────────────────────────────────────────────────────────────────────┐
│                                                        （Card 2）     │
│ Daniels, J. M                                                         │
│   Oriented nuclei                                                     │
│   Includes indexes                                                    │
│   I Title II Series                                                   │
│                                                                       │
│                              ◯                                       │
└─────────────────────────────────────────────────────────────────────┘
```

6. 参照片

参照片按其字顺排入有关位置。

二、著者目录组织细则

著者目录组织法是将著者主要款目、著者附加款目、著者分析款目、著者参照片等组成著者目录的方法,又称著者目录组织规则。著者目录组织法通常由一般组织法与系统化组织法两部分构成。它可以将同一著者的各种款目及参照片等组织成一个有机的整体,使之成为检索特定著者的文献,集中反映多产著者的各种著作的检索工具。此处仅介绍著者目录的组织细则。

1. 同一著者的各种著作的排列有两种方法。

a. 同一著者的各种著作可以按题名字顺排。题名与责任说明项相同,再按版本项、出版发行项排。

例:

Lang, Andrew

　　Angling sketches

Lang, Andrew

　　Complete works

Lang, Andrew, tr.

　　Homerus.

The Odyssey of Homer/translated by Andrew Lang···

　　Lang, Andrew. it. auth.

Shield, Alice.

　　Parson Kelly/Alice Shield and Andrew Lang···

Lang, Andrew.

　　Selected works.

b. 系统化的字顺排列。其系统化字顺排列方法为:

主要款目

　　个人著者

　　　　全集

　　　　选集

　　　　单行本著作

　　　　分析出的著作

　　二人合著

　　三人合著

　　编辑者

辅助款目

　　合著者

　　插图者

　　译者

　　编者

被传者

例：

Lang, Andrew.

  Selected works

Lang, Andrew

  Angling sketches

Lang, Adrew, jt auth

  Shield, Alice.

Parson Kelly/Alice Shield and Andrew Lang

  Lang, Andrew, tr

Homerus,

  The Odyssey of Homer/translated by Andrew Lang.

    总之，图书馆必须确定本馆的排列方法，订出非常具体的细则，无论排片人员如何更换，必须始终如一，以免造成目录排列上的混乱。

    2.个人著者的前缀姓氏作为一个词排列。

    例：

Deane, J R

De Chair, S S

De Maine, Paul A

Des Barris, B

    3.冠有 M′、Mac、Mc 的前缀姓氏均按 Mac 的拼法排列。

    例：

McAlpin, David

Macalpin, G

M′Alpine, Niel

Macan, R W

    4.个人著者的复姓按两个词排列。

    例：

Lloyd, William.

258

Lloyd George, David.

Lloyd – James, Arthur

Lloyd – Milliams, Richard.

5. 同姓著者在有姓无名的情况下,排在同姓著者的最前面。其余有姓有名的同姓著者,按名字字顺排列,简名排在同字母的前面。

例:

Smith

Smith, A

Smith, Annie.

Smith, Arthur.

6. 同姓同名著者,可以用生卒年排列,缺生卒年或生卒年相同的,再按称号、职业等加以区别。

例:

Brown, John, 1715—1766

Brown, John, 1831—1903.

Brown, Mrs. John.

7. 以会议名称标目的款目,依次按会议名称、届次、开会日期、会址排。

例:

Conference on Natural Gas Research and Technology (2nd: 1972: Atlanta, Georgia)

Conference on Natural Gas Research and Technology (3rd: 1974: Dallas, Tex.)

8. 同名的机关团体,可用机关团体名称后的限定语排列。

例:

Governor's Highway Safety Program (N. C.)

Governor's Highway Safety Program (Vt.)

三、题名目录组织细则

题名目录组织法是将题名主要款目、题名附加款目、题名分析款目、题名参见片等组成题名目录的方法，又称题名目录组织规则。它通常由一般组织法和系统化组织法两部分组成。它可以将各种题名款目组织成一个有机的整体，使之成为检索特定题名，集中反映同一著作的不同版本或译本的检索工具。题名目录除了前面所介绍的排列通则外，还需依据下列细则。

1. 冠有数字的题名按数字次序排列在全部题名款目的最前面。此与西方图书馆目录按原文排法排列不同。

例：

100 bungalows

1000 ideas for design

Air polution

题名中表示年代、版次、会议届次、文献序号的数词，按数字大小顺序排。

例1：

International Virology Ⅰ

International Virology Ⅱ

例2：

1914 diary

1917 war tax guide

题名中用拉丁字母拼写的基数词，按其字顺排列。

例：

Research in Chemistry at private undergraduate colleges

Seven English cities

Theory of solutions and stereo – chemistry

Theory of solutions and stereo – chemistry architects

2. 冠有符号的题名款目排在目录的最前面。题名内的符号一般略去不计。

例1：

π meson nuclcus interactions.

π—star detector.

A 1. business

A – Z of clinical chemistry

Abacs or nomograms

Abbreviations of data processing

例2：

Who is who in America

Who'd be king

Whom the tyrant kills

Who's who

但是，题名中的"&"应根据题名的文种拼出，按其字顺排列。
"&"在英文、法文、德文的题名中分别按 and, et, und 排列。

3. 凡是冠有前缀的复合词，均作为一个完整的词排。复合词
常带下列词头：

例：

anti –	inter –	psyche –
arch –	mid –	re –
auto –	multi –	semi –
by –	non –	sub –
co –	pan –	super –
counter –	post –	trans –
ex –	pre –	tri –
extra –	pro –	ultra –
hydro –	pseudo –	vice –

例：

Nonstoichiometric oxides

Non – topographic photogrametry, 1976—1980

书写形式不同的复合词,作为一个词排列。

例:

Handbook of mathematical economics

Hand book of mechanical and electrical systems for buildings

Handbook of non – prescription drugs

4. 凡连词均作为两个词排列。

例:

原题:A Concise English – Chinese dictionary

按　A Concise English Chinese dictionary 排

5. 拼法不同的同一个词,选择一种拼法排列,并为其不用的拼法编制参照。

例:

Color harmony and pigments

Colour harmony in dress

Color harmony spectrum

Coloured glasses

Colorful Colorado

6. 1961 年《西文普通图书著录条例》则规定特殊字母按下列办法排列。

Åå 排为 aa	OEoe 排为 oe
Áá 排为 aa	Öö 排为 oe
Ää 排为 ac	Ỳỳ 排为 ij
„ „	„ „
Aa 排为 ae	Oo 排为 oe
Åå 排为 ae	O. o. 排为 oe
AEae 排为 ae	Öö 排为 oe
Đđ 排为 d	Uu 排为 ue
Ł 排为 le	Üü 排为 ue
ф 排为 oa	Ůů 排为 ue

Ññ 排为 nn

四、主题目录组织细则

主题目录组织法是将主题款目、主题分析款目、主题参照片等组成主题目录的方法。它也分标题的字顺组织与同一主题的系统组织两部分。各种主题款目的组织，必须注意善于编制各种参照，使之成为一个有机的整体，成为能够集中反映同一主题的文献，并深入、细密地揭示文献内容的检索工具。

主题目录组织方法如下：

1. 按标题字顺组织主题目录，西文主题目录采用逐词排列法，以便利用计算机存储检索文献。

2. 标题中的首字母缩略词作为一个完整的词，排列在同字母的最前面。

例：

C O. D shipments

Ca Gaba Indians

Cazcan Indians

3. 倒装标题排在带有括号的说明语的标题之前。

例：

Children

Children，Adopted

Children，Vagrant

Children（International law）

Children（Roman law）

4. 主标题相同，按复分标题排。复分标题依次按时代复分标题、形式复分标题、论旨复分标题和地名复分分组排列。除时代复分标题按纪年排列外，其他复分标题一律按字顺排列。

例：

China—Foreign relations—Great Britain

China—Foreign relations—United States

China—Foreign relations—United States—1044—1045

China—Foreign relations—United States—1945—1949

China—Foreign relations—United States—Addresses.

essays, lectures

China—History

五、字典式目录组织细则

前面所述的字顺目录排列通则及著者目录、题名目录、主题目录的排列细则,同样适用于字典式目录的排列。字典式目录除了应用上述排列规则外,还有一条独一无二的排列规则,即在字典式目录中,倘若同一个词既是著者姓氏,又是标题和书名的首词时,按个人著者款目、机关团体款目、主题款目、题名款目的顺序依次排列。

例:

Hardy, Marcel E

The geography of plants/Marcel E

Hardy. —Oxford:Clarendon, 1925

327 p:ill. ;20cm.

Hardy Classes on Riemann surfaces

Heins,Maurice

Hardy Classes on Riemann surfaces/Maurice Heins

—Berlin:Springer,1969

106 p;23 cm—(Lectare notes in mathematics, 98)

Hardy, Thomas, 1840 – 1928.

Alcorn, John

The nature novel from Hardy to lawrence/John

Alcorn. —London:Macmillan,1977.

×,139 p;23cm.

六、目录中的指导片

1. 指导片的作用与种类

在卡片目录中，为了准确、迅速地检索文献而设立的具有导耳的卡片称为指导片，又称导片，俗称导卡。指导片按其作用，可分为一般指导片和特殊指导片。按其导耳的数量，可分为二分导片、三分导片、四分导片以及五分导片。卡片目录可以根据目录的不同层次分别使用不同规格的指导片，指导片突出的部分称为导耳，通常利用导耳的显著位置注明一条目录组织方法或一个分类号等，指导读者准确而又迅速地查阅到所需要的文献。

2. 指导片编制方法

（1）一般指导片

在卡片目录中，每25—30张款目编插一张一般指导片。在字顺目录中，用一般指导片指出目录的字顺组织方法。

（2）特殊指导片

在字顺目录或分类目录中可以用特殊指导片宣传重要和优秀的著作，推荐某一知名的著者。特殊指导片一般用于读者目录。

（3）屉头标签

卡片目录除了用指导片从目录的内在结构方面显示其组织结构外，还应在目录柜每个抽屉头前的铜框内，标明屉内款目起讫字顺或起讫类号。这样可以使上下屉之间的字顺或类号相连接，以保持整套目录的有序排列。

第四节　卡特号码表简介

一、概况

卡特号（Cutter number）是代表文献主要款目的标目顺序号。它取自卡特号码表。卡特号是一种书次号，不是一种单一的著者号。可是，国内有不少人将卡特号称为著者号，把卡特号码表称为著者号码表，这种提法欠妥。因为卡特号码表的构成和使用方法与著者号码表不同，其使用范围远比著者号码表大得多。那么，何为卡特号码表呢？将许多常见的个人著者姓氏、机关团体名称的首字、会议名称的首字以及作为主要款目标目的书名首字（冠词除外）按照一定的检字方法编制成一个顺序，然后再按各自的使用率分配顺序号。按此种方法编制而成的表称之为卡特号码表。

根据卡特号的组配方法，卡特号码表可分为两大类。一类是先组式的卡特号码表。例如：两位数的卡特号码表，三位数的卡特——桑伯恩号码表，三位数的卡特号码表。另一类是后组式的卡特号码表。例如：美国国会馆新编的卡特号码表。

美国图书馆学家卡特（Charles Amni Cutter）最初编的是两位数的卡特号码表。此表存在着使用不便，区分同类书的功能较弱等问题。因而，桑伯恩（Kater E. Sanborn）女士将两位数扩充为三位数表。这就使得号码增多，减少异书同号的问题。此后，卡特也将自己编的两位数表改为三位数表。这三种卡特号码表的结构与使用方法大同小异。目前，我国绝大多数图书馆使用的是卡特——桑伯恩三位数的卡特号码表。而美国国会馆使用的是后组式的卡特号码表。

二、《卡特号码表》简介

1. 总体结构

《卡特号码表》(C. A. Cutter's alfabetic – order table)分为两大部分,各部分均按拉丁字母顺序排列。第一部分由辅音字母开头的词构成,以"S"开头的词除外,但包括以"Y"开头的词。简而言之,第一部分包括以 B、C、D、F、G、H、J、K、L、M、N、P、Q、R、T、V、W、X、Y、Z 开头的词。在第一部分中,各组词不仅按逐词排列法排列,而且左右两行的词共用中间的号码。唯独以"Q"与"X"开头的词单独使用一组号码。

例1:

Done	681	Fontani
Dong	682	Fonte
Doni	683	Fonten
Donk	684	Fonti
Donn	685	Fontr
Donner	686	Foo
Dono	687	Foot
Dont	688	Foote
Donz	689	Foote,M

例2:

Qua	1	Xa	1
Quat	2	Xan	2
Que	3	Xav	3
Quer	4	Xe	4
Ques	5	Xen	5
Qui	6	Xer	6
Quin	7	Xi	7
Quir	8	Xu	8

第二部分包括以 A、E、I、O、U、S 开头的词。

例3：

511 Amen	671 Sne
512 Amer	672 Sni
513 Amers	673 Sno
514 Amers, M.	674 Snow
515 Amh	675 Sny
516 Ami	676 Soa
517 Amin	677 Sob
518 Amm	678 Soc
519 Ammir	679 Sod

卡特号的分配取决于表中各词使用率的高低。凡是以 J、K、Y、Z、E、I、O、U 开头的词使用率较低,故卡特号用两位数表示。极个别词使用率低的,卡特号只有一位数,如以 Q、X 开头的词。绝大多数词使用率高,卡特号均为三位数。

2. 取号方法

（1）绝大多数的卡特号是由主要款目标目的第一个词的首字母以及卡特号码表中相应的号码组成的。

例：

Donizetti, Gaetano 卡特号为:D683

Forster, Edward Morgan 卡特号为:F733

凡是 A、E、I、O、U、S 开头的词取前两个字母,并加上表中相应的号码。以 Sc 开头的词则取前三个字母,并加表中相应的号码。

例：

American Library Association 卡特号为:Am512

International Conference on the Inosphere（1962:London）

卡特号为:In61

（2）绝大多数文献依据主要款目标目的首词（冠词除外）查表

取号。如果卡特表中能查到主要款目标目的首词,则直接取与该词相应的号码。

例:

Donner, Henry W 卡特号为:D686

(3)倘若标目的首词在卡特号码表中只列出该词的前几个字母,则根据标目首词的前几个字母查表取号。

例1:

Donizetti, Gaetano 卡特号为:D683

例2:

Bible English Revised 1981 卡特号为:B582

Library of Congress 卡特号为:L697

(4)当主要款目标目的首词在卡特号码表中正好位于两个词之间时,应遵循"取上不取下"的原则取号。

例:

Donne, John 卡特号为:D685

(5)同类文献中同姓著者或者同姓名著者,可在表中原有卡特号的基础上再加一位顺序号,以资区别。

例:

Brontë, Charlott, 1816—1855	卡特号为:B869
Brontë, Emily Jane, 1818—1846	卡特号为:B8691
Brontë, Anne, 1820—1849	卡特号为:B8692
Dumas, Alexander, 1802—1870	卡特号为:D886
Dumas, Alexander, 1824—1895	卡特号为:D8861

(6)题名前的冠词略去不计,根据第二个词查表取号。

例:

A True daughter of the Party 卡特号为:T866

三、美国国会馆后组式卡特号码表

近年,美国国会馆根据卡特号码表的编制原理,采用后组式的配号方法,编制了一个简单明了的卡特号码表,明确规定了五条卡特号的组配方法。

1. 凡以元音开头的词,依据第二个字母,取表中相应的号码。

元音开头的词

第二个字母为: b d l,m n p r s,t u-y

其号码为: 2 3 4 5 6 7 8 9

例:

Abernathy 卡特号为:A2

Archer 卡特号为:A7

2. 凡以"S"为首的词,依据第二个字母,取表中相应的号码。

以"S"为首的词

第二个字母为: a ch e h,i m-p t u

其号码为: 2 3 4 5 6 7-8 9

例:

Seaton 卡特号为:S4

Sullivan 卡特号为:S9

3. 以"Qu"开头的词,依据第三个字母,取表中相应的号码。

以"Qu"为首的词

第三个字母为: a e i o r y

其号码为: 3 4 5 6 7 9

名称开始字母为: Qa - Qt

其号码为: 2 - 29

例:

Queener 卡特号为:Q4

Qureshi 卡特号为:Q7

4. 凡以辅音为首的词(但以"S"和"Qu"为首的词除外),依据第二个字母,取表中相应的号码。

其他辅音为首的词

第二个字母为： a e i o r u y

其号码为：   3 4 5 6 7 8 9

例：

Cinelli   卡特号为：C5

Croft   卡特号为：C7

5.同类文献中出现重号现象时,可依据第三个字母,取表中相应的号码。

必要时加号

第三个字母为： a-d e-h i-l m n-q r-t u-w x-z

其号码为：   2   3   4   5 6 7 8 9

例：

Callahan   卡特号为：C34

Campbell   卡特号为：C35

Cannon   卡特号为：C36

美国国会馆后组式卡特号码表的优点在于取号方法简便易行,助记性强;号码有一定的伸缩性。但是,它存在两个问题。一是在同类文献中易出现重号现象;二是在不同的类目下,易出现同著者异号问题。

思考题

1.字顺目录的种类与作用。

2.逐词排列法与逐字母排列法的区别。

3.区分同一著者不同著作的方法。

4.《卡特号码表》的编制体例和取号方法。

参考文献

1. 北京图书馆编目部编. 北京图书馆目录组织规则:图书部分. 北京:书目文献出版社,1984. 172
2. 全国第一中心图书馆委员会西文图书卡片联合编辑组编. 西文普通图书著录条例. 北京:中国科学院图书馆,1961:201—213
3. 中国科学图书馆编目部编. 目录组织规则:图书部分. 北京:书目文献出版社,1980. 64
4. American Library Association. ALA rules for filing catalog cards/prepared by a special committee;Pauline A Seely, Chairman and ed 2nd ed. Chicago:ALA, 1968. 260
5. Wynar, B. S. Introduction to cataloging and classification 6th ed. Littleton, Colorado:Libraries Unlimited, Inc. ,1980:426—428;450—455

第十二章　文献目录的规范工作

第一节　文献目录规范工作概述

一、文献目录规范工作的意义和作用

1. 文献目录规范工作的意义

文献目录的规范工作(Authority work),是为了求得在著录时所采用作标目的名称(包括个人、机关团体、题名及主题)的一致性与唯一性以达到标目规范化的具体措施。它是保证目录质量的一项重要工作。为此,国外许多图书馆都设有规范文档(Authority file 或译"标准档"),以实现图书馆目录真正成为便于读者检索的有效工具,不致使读者找不到他想查找而本馆又已收藏的文献。最理想的标目情况是各个检索点都是唯一的,在目录中的表现形式前后是一致的。但是,实际上所提供的有些检索点不能达到这个要求。虽然,ISBN、ISSN 和美国国会图书馆卡片号(Library of Congresscard number,简称 LCCN)具有唯一性,可它们不是读者经常使用的检索点。我国的读者常爱从题名检索文献,但是目录中出现文献题名相同的情形是很多的。因此,它不具有唯一性,常常需要连同其他著录事项一起进行判断,才能判明哪种文献是读者所要查找的。除此而外,读者还经常使用名称、主题、丛编题名检索文献,我们必须维持其唯一性和一致性。这是一部好的、用之有

效的图书馆目录所必须具备的特点,也是规范工作的目的。

2. 规范工作的确立

在文献数量不多,使用卡片目录的情况下,文献目录规范工作的重要性尚未显示出来。随着现代科学技术的飞速发展,文献数量剧增,文献使用者人数也大大增多。从而使图书馆的编目工作面临着严峻的挑战。这挑战不仅体现在数量上,而且体现在质量上,对数据的标准化、规范化的要求也就更高了。具体到规范工作上,就是要在更加纷繁、复杂的情况下做好标目的规范工作,更好地完善目录的职能,为读者提供准确、有效的检索途径,并适应国际范围书目资源共享的要求。可是由于种种原因,某个人或某个实体可能用了不同的多个名称或者多种名称形式,或者名称形式发生变化等等。对此,前面的章节已有阐述。本章则结合规范工作,具体深入加以论述。总而言之,这些变化归纳起来,大致有如下几种情形:

(1)标目所代表的某个人或某个实体有多个名称或名称有了变化。

由于社会、政治、种族等原因,许多个人,尤其是各国许多著名的哲学家、文学家不止有一个名字,通常除真名外,还有一个或多个笔名。妇女由于婚姻状况的变化,也会变更姓氏。例如:英国女小说家艾略特(George Eliot),婚前原名 Mary Ann Evans,即 Marian Evans;婚后改姓为 Cross,而标目采用的是她的常用笔名,标目形式为:Eliot,George,1819—1880。国家或团体名称也会发生变化。例如:地处西非的贝宁(Benin)早先为法国殖民地达荷美(Dahomey)1960 年独立后,正式国名为贝宁人民共和国,现在采用的标目形式为 Benin。

(2)名称有各种变异形式

个人和团体名称有各种变异形式。如:由首字母构成的缩略形式、不同语种形式、不同拼写法和不同译法等。由于编目机构采用的罗马化(或称拉丁化)方案不同,也会使名称标目形式出现差异。例如:俄国小说家陀思妥耶夫斯基,在北京大学图书馆的西文目录中,曾采用两种标目形式。其一为:Dostoevskii, Fedor Mikhailovich, 1821—1881;另一为:Dostoievski, Fedor, 1821—1881。而现在 LC 名称规范档规定的规范化标目为:Dostoyevsky, Fyodor, 1821—1881。又如:俄国著名小说家列夫·托尔斯泰,老的标目形式为:Tolstoi, Lev Nikolaevich, grai, 1828—1910。新的标目形式为:Tolstoy, Leo, graf, 1828—1910。

(3)不同实体、不同人使用相同的名称形式

无论是中国人还是外国人都存在大量同姓同名的情形,突出的例子之一是法国作家大仲马与小仲马父子二人姓名全同,还有祖孙几代同名的。外国人名中,还有姓同名不同,而采用相同缩写形式的。

(4)团体名称与会议名称的变化

团体名称的特点归纳起来主要有三点:第一,种类繁多。第二,因团体活动宗旨、范围多变,名称因之改变。名称虽有变更,但互相却有关连。第三,很多团体同名,而它们代表不同的实体,可能分属不同国家、地区或不同的上级机构。会议名称除有类似特点外,还会出现一种会议在出版物上同时交错地混用几种不同的名称形式,花样翻新尤为混乱。

(5)编目条例的变化

标目的选取、标目形式的确定都是以编目条例为依据的。西文文献编目中所采用的英美编目条例经历了五次变动,因之标目形式也相应地发生变化。例如:著名美国小说家马克·吐温(Mark Twain)原名塞缪尔·兰亨·克莱门斯(Samuel Langhorne Clemens)。早期的条例用真名的全姓名著录,标目形式为:Clemens, Samuel Langhorne, 1835—1910。采用西文文献 AACR2后,应选用最为人熟知的名称形式,现在其标目形式为:Twain,

Mark，1835—1910。又如：法国小说家司汤达，原名马里－昂利·贝尔。以前的标目形式为：Beyle，Marie Henri，1783—1842。新的标目形式为：Stendhal，1783—1842。

（6）主题词语间的语义关系

表示文献主题的所用的主题词之间在语言含义上存在各种关系，简称之为语义关系。表示同一主题的语言文字，可能在形式上不同，如：同义词、近义词、学名与俗名，也有不同译名、拼写形式繁简不一等。表示不同主题的语言文字之间存在着属分关系、相关关系。除此之外，还有不同事物采用了字形相同的主题词来表示，而它们可能分属于不同学科，表示不同的内涵。

凡此种种情形都说明作为读者最常使用的几种检索点，在编目工作中若不实现规范控制，标目就很容易混乱。因此，在编目工作中要及时掌握各种动态。根据现行编目条例的规定确定标目形式，建立规范化的名称标目，弄清哪些标目或标目形式与该规范化的标目是相关的。此外还要根据目录中已采用的标目形式，确定在各种目录中要建立哪些参照。通过参照，将规范化的标目与相关的标目联系起来，从而实现对书目记录的规范控制，使目录能比较完满地实现其汇集功能与检索功能。

3. 关于文献目录规范工作的定义

著者、题名虽是编目条例或编目工作手册讨论的主要议题，但是很少有人系统而全面地提及规范工作。70 年代以来，国际编目界对规范工作逐渐重视起来。然而，迄今为止对规范工作这个术语还没有一个公认的、全面的定义。

在本章开头，我们草拟了一个文献编目的规范工作的简单定义。概括地说，规范工作是指在编目工作中为使标目具有唯一性与一致性而做的工作。关于标目一致性的问题，前已述及。此处着重阐述标目的唯一性问题。标目的唯一性是规范工作的核心。所谓标目的唯一性是指最后选定的标目形式能唯一地标识某个著者或某部著作,能与其他著者或著作的标目形式相区别,而不致混淆。

那么,围绕标目的唯一性与一致性究竟要做哪些工作呢? 美国伊利诺州立大学的伯格(Robert Burger)在《规范工作》(Authority work)一书中,综合文献中有关规范工作的内容,提出规范工作应包括以下五个方面:

a. 编制规范记录(authority record);

b. 将规范记录集中、归并,形成规范文档(authority file);

c. 连接规范文档与书目文档(bibliographic file),形成规范系统(authority system);

d. 对规范文档和规范系统进行修订与维护(maintain ance);

e. 对规范文档和规范系统进行评估(evaluation)。

以上五个方面比较全面地概括了规范工作的内容和全部工作的大体过程。在本章第二节规范工作的原理与实践中将逐项阐述。

二、规范工作发展概况

现代科学技术的飞速发展,尤其是计算机技术在图书馆的应用,使图书馆工作的面貌焕然一新,使我们看到了国际范围书目资源共享的美好前景。了解国际上先进国家规范工作的发展情况,对做好规范工作是很重要的。

1. 美国规范工作发展概况

美国图书馆界的规范工作走在世界前列。美国国会图书馆在其中起着特殊重要的作用。

编目条例中的关于个人著者、机关团体、题名等的选取(即标目选取或检索点选取)的内容是规范工作的依据,编目条例中提及的参照法也是规范工作的重要内容。多年来,美国国会馆一直在缓慢地、不断地寻求规范控制的目标。本世纪初,它编制发行的目录卡片,对其国内及国际编目界都有极大的影响。事实上,世界上许多图书馆都以美国国会馆的规范数据作为他们的规范数据的主要来源。

早在1940年,美国开始了一项合作编目计划。按照这项计划,被选定的图书馆除向美国国会馆提交书目记录,用以编制《美国全国联合目录》外,还要为美国国会馆和合作计划未收录的主要款目标目和辅助款目标目编制规范记录卡片。自1977年起,又开始了一项与之类似的"名称规范合作计划"(Name Authority Cooperative Project,简称NACO),参加合作的馆按照美国国会馆的格式为MARC规范文档编制规范记录。

1974年,美国国会馆开始发行书本式的《美国国会图书馆名称标目及参照》(Library of Congress Name headings with references)。1977年起提供机读形式的名称规范记录,最初只收录英语出版物上的名称,后扩展到所有语种的名称。1979年还出版了《名称规范累积本》缩微版(Name authorities, cumulative microform edition)。1976年,美国发布了《规范记录的MARC格式》(Authorities:MARC format)预印版。1981年正式推出第1版。近年,因激光技术的应用,美国国会馆又于1989年推出"名称规范"的激光光盘(CDMARC Name)。

2、国际上规范工作发展概况

在图书馆事业的发展中,最大的变化莫过于计算机等先进技术应用于图书馆工作后所产生的变化。它有利于图书馆的科学管理,提高了图书馆工作的质量与效率,开拓了国际范围书目资源共享的前景。经过一段时间的体验,人们对自动化有了更切实际的理解。与此同时,国际范围书目资源共享也对书目数据的标准化、规范化提出更高的要求。这也许就是70年代以来,规范工作愈加受到重视和发展较快的原因。

为了阐述规范工作的发展概况,我们不妨回顾一下国际上规范工作的发展历程。

1974年,联合国教科文组织在一次政府间会议上,批准了"国际书目控制计划",计划中有一项属于长期的方针政策的关键性建议。该建议提出:国家书目机构负责确定本国的个人或团体责任者名称的规范形式,并建立本国个人和团体责任者的名称规范表(authority list)。

1977年,在布鲁塞尔召开国际图联大会期间,其下属机构——世界书目控制国际办事处(UBC International office)通过了一项计划。该计划提出,为便于国际范围规范信息的交换,要拟定有关编制规范文档的原则及工作规程。该计划得到国际图联编目部和当时的机械化部常务委员会的认可之后,成立了一个国际规范系统工作组,该工作组有三项任务:(1)讨论并制定国际规范系统的技术规程;(2)开发供规范数据交换用的 UNIMARC 格式;(3)研究和开发有效交换规范数据的方法。

1984年,国际图联出版了《规范款目与参照准则》(Guidelines for authority and reference entries)。1987年,国际图联又出版了《UNIMARC 规范格式》(草案)。毫无疑问,这两份文件将大大推动世界各国规范工作的开展。

第二节 规范工作的原理与实践

一、规范数据类型

规范工作主要对象是针对读者最常使用的几种检索点,即组成款目标目的名称、题名和主题词。按不同的检索点,规范数据可分为三大类型:

1.名称

所谓名称是指用作款目标目的个人名称和机关团体名称。按照 AACR2 的规定,机关团体名称含会议名称。

a. 个人名称

作为著者标目或主题标目的个人名称,在名称规范文档中所占比重最大。据统计,在美国国会馆的名称规范档拥有的三百多万个标目中,个人名称占总数的 82%。

外国人的名称构成成分较复杂。构成名称的主要成分有:名或教名(Forename or given name)、姓(Family name or surname)、源于祖先或父辈名的姓(Patronymic)以及绰号(Sobriquet)等。个人名称的附加成分有贵族称号(Title ofnobility)、荣誉称号(honour)、称呼(address)以及生卒年。

b. 机关团体名称

机关团体名称种类繁多。根据 AACR2 的规定,机关团体的类型包括协会、学会、机构、企业、政府、政府机构、宗教团体、会议以及其他临时特设的组织(如:运动会、展览会、探险队、博览会、节庆日以及某些较长时期的科研计划项目等)。

2. 题名

a. 统一题名

许多名著在出版时使用不同的题名,或者被译为不同的文种,而同一文种还有不同题名形式的多种译本。为了在目录或书目文档中集中同一著作的不同版本或译本,采用了统一题名的作法。通常是从不同的正题名中,选取一个较为人们熟悉的规范化的题名为统一题名。

b. 丛编名

丛编名是统一题名的一种特殊情况。其特殊在于这类出版物之间存在着各种特殊的关系,如:年代、层次及其他相关关系。

3. 主题标目

主题标目除名称标目外,主要是论题性主题。由于各种不同的主题法分别有自己的标引方法,所以主题的规范工作基本上是由制定主题表或标引方法的部门进行。本节不加细述。

二、规范记录的编制

编制规范记录是规范工作的基础工作。为了便于国内及国际规范数据资源交换,本节依据国际图联制定的《规范款目与参照准则》介绍规范记录的编制方法。

规范文档应设立三种规范记录款目,即规范款目(Authority entry)、参照款目(Reference entry)和一般说明款目(General explanatory entry)。

1. 规范款目

规范款目是规范目录的主体,是确立某一规范标目的说明。它通常由规范标目、标目附注、单纯参照根查(或称见参照根查)、相互参照根查(或称参见参照根查)、编目员注释、规范数据来源以及国际标准规范数据号这七项组成。

规范款目的著录格式:

规范标目(统一标目)
　＝并列标目
标目附注
　＜单纯参照根查
　＜＜相互参照根查
编目员注释
编目机构名称;编目条例或标准,日期
国际标准规范数据号

○

例:

Twain, Mark, 1835 – 1910.

< Make Tuwen(马克·吐温)

< Tuwen, M.(吐温·马克)

< < Clemens, Samuel Langhorne, 1835 – 1910.

Found：Author's The prince and pauper. 1976.

PUL；AACR2, 1986 – 08 – 20

LC n 79 – 21164

○

　　规范款目将著录项目分别组成七个段落。每一段落移行时，以规范标目为基准缩入两个格接着著录。除此而外，在规定的前置标点符前后各空一格。

　　下面逐项说明各项的著录法。

　　(1)规范标目项(Authority heading area)

　　该项记录编制规范记录的机构所确立的规范标目。规范标目是规范款目的主要排档要素(filing element)。它决定了规范款目在字顺规范表(Authority list)或规范文档中的位置。规范标目可以是个人名称、机关团体名称、会议名称、统一题名、丛编名和主题词。

　　规范标目还包括一个至几个的并列标目(Parallel heading)。并列标目是规范标目的交替形式，是名称或题名的另一种语言形式。譬如，在不止一种官方语言的国家，负责编制规范款目的编目机构可以确立一种以上交替形式的规范标目。在这种情况下，编目机构可以为一个标目编制两个规范款目。不同语种形式的标目分别为规范款目的标目。当其中一种语种作为主要标目时，另一种语种的标目作为并列标目，其作用类似于相互参照根查。各并列标目前用等号(=)标识。例如：加拿大的官方语言是英语和法语。加拿大的国家图书馆可设如下两种规范标目：

National Library of Canada

  = Bibliotheque nationale du Canada

Bibliotheque nationale du Canada

  = National Library of Canada

（2）标目附注项（Information note area）

当有必要说明规范标目和参照根查之间的关系时，可设标目附注项。标目附注项用以说明：

a. 两个以上个人名称标目之间的关系；

b. 某团体（或会议）的简要历史沿革，着重说明团体名称的变更及机构拆、并等情况；

c. 文献的篇、节题名与文献题名间的关系。

例：

Queen, Ellery

The joint pseudonym of Frederic Dannay and Manfred

  Lee

（3）单纯参照根查项（See reference tracing area）

规范款目内单纯参照根查项是记录已经有的参照款目的变异形式的标目。这种变异形式的标目属非规范化的标目形式。其目的在于将目录或书目的用户由非规范的标目形式指向规范标目，并将其记录在案，以便今后规范文档的维护。各个单纯参照根查前置小于号（ < ）。若有多个单纯参照根查，则按其字顺依次著录。

可作为单纯参照根查的变异形式的标目有：首字母缩略语（Initialisms, acronyms）、拼写较完全的形式（fuller forms）、倒置形式（inverted forms）、直接形式与 flu 接形式（direct and indirect forms）、其他语种形式、不同拼写形式、不同音译形式等。为了清楚地说明规范标目和根查之间的关系，单纯参照根查之后，可用一个词或短语明确地标识出变异的性质。

283

例：

Orwell, George

   < Blair, Eric Arthur [real name]

（4）相互参照根查项（See also reference tracing area）

规范款目内的相互参照根查项，是用来记录与规范标目有相互参见关系的相关标目。这些相关标目的相互参照根查说明可用作指引目录和书目用户参见规范标目的参照款目。

各个相互参照根查前，置双重小于号（＜＜）。团体名称的早期或后期的名称形式、官员的个人与团体标目和笔名等，均可作相互参照根查。为了清楚地说明规范标目和相互参照根查之间的关系，在相互参照根查后，可注明标识变异性质的词或短语。

例：

American Material Handling Society

< < International Material Management Society

      [later name]

（5）编目员注释项（Cataloguer's note area）

编目员注释项的内容通常不在图书馆目录和书目中出现，只供编目人员在使用或修订规范标目或者设相关标目时参考。

编目员注释的内容包括建立标目和参照时查询的参考信息源、所采用的专门条例、限定标目用法的说明、区分名称相似的个人和团体的过程与方法的说明，以及证明所选标目合法性的说明等。

例1：

Safety Research Center

Found: Its Research and Development Activities, 1969/70 –

例2：

Hobbs, Jack, 1926 –

Author's letter.

（6）规范数据来源项（Source area）

该项包括标明负责编制规范款目的编目机构,确立规范款目标目所依据的编目条例以及建立规范款目的日期三个著录单元。

编目机构的名称和规范标目所依据的编目条例,应根据国际上公认的形式著录,并在规范标目所依据的条例前置分号(;)。规范款目的建立日期按照 ISO2041 - 1971 国际标准著录,并在日期前置逗号(,)。新编制的规范款目应著录编制规范款目的日期。而经过修改的规范款目,则用最近一次修改的日期代之,并在修改的日期前注明"rev."(revised 已修改)或与之相应的词语的缩写形式。

例:

Library of Congress;AACR2, 1980 - 05 - 16

(7)国际标准规范数据号项(International Standard Authority Data Number area)

为方便国际范围规范数据交换以及国际书目规范控制之需,国际标准规范数据号(International Standard AuthorityData Number,简称 ISADN)用于标识分配给规范款目的编号。凡是分配有 ISADN 号的规范款目的标目,均需如实地著录此号,即在国际标准规范数据号前冠以 ISADN,空一格后再著录具体的编号。对于由地区或国家编目机构分配的编号(如:LC 78 - 34279)也可以著录在此项内。

例:

British Columbia Youth Soccer Association
Name changed in 1977 from British Columbia Juvenile
　　Soccer Association.
　　B. C. Youth Soccer Association
　　British Columbia Juvenile Soccer Association
National Library of Canada/Bibliotheque nationale
　　du Canada;AACR2,1981 - 08 - 01
NLC/BNC 0011 - A - 0719

2. 参照款目(Reference entry)

参照款目是用来将目录或书目的用户从某个变异形式的标目或者相关标目指向合适的规范标目。它包括参照标目项、标目附注项及统一标目项。

参照款目的著录格式:

```
参照标目
标目附注
    > 见参照
    > > 参见参照
```

○

例:

```
Morris, John
Joint pseudonym of Morris Cargill and John
    Hearne
For works by these authors written under
    their real names, see
    > > Cargill, Morris
    > > Hearne, John, 1925 –
```

○

(1)参照标目项(Reference headings area)

参照标目可以是个人名称、团体名称或文献题名。参照标目可能是变异形式的标目或者是相关标目。若参照标目为变异形式的标目,参照款目的作用是指引用户由非规范的变异形式的标目去查检规范标目。若参照标目是相关标目,参照款目的作用则是指引目录或书目的用户,由一个规范标目去参见另一个相关的规范标目。例如:在西文目录中,在使用 AACR2 前后,对美国作家马克·吐温使用了两种名称形式。按照现行的编目条例,规范款目应取他的笔名作标目;他的拼写完整的真名则作为相互参照根查项。而参照款目的标目则应取他的真名,并在参照款目的统一标目项中著录其笔名。

(2)标目附注项(Information note area)

参照款目与规范款目的标目附注项的内容完全相同,故不在此赘述。

(3)统一标目项(Uniform heading area)

从上述参照款目的参照标目项的叙述,显然可知,统一标目项记录的是指引读者去查检的规范标目。若参照标目是变异形式的标目,则此参照款目为单纯参照。若参照标目是相关标目,则此参照款目为相互参照。如果需要的话,统一标目项可用一说明性短语或指令开头。

例1:

Dannay, Frederic

For works of this author written in collaboration

  with Manfred Lee, see

  Queen, Ellery

例2:

Pittsburgh Research Center

Search also under earlier heading

 > > Pittsburg Mining and Safety Research Center

如果参照款目需著录不止一条指令性短语时,统一标目项可以重复出现。

例:

Pennsylvania State College

For works of this body entered under the

  earlier name, see

> > Agricultural College of Pennsylvania
For works of this body entered under the
later name, see
> > Pennsylvania State University

如果指令只是"see"或"see also"就不须采用上述形式,而是在各个统一标目前,用规定的标识符号标识。若参照标目是变异形式的标目,在各个统一标目前冠以大于号(>)。若参照标目是相关标目,则在各个统一标目前冠以双重大于号(> >)。

例1:
Waterman, A. M. C.
> Waterman, Anthony M. C. ,1931 –

例2:
Bradford, Will
I or works of this author written under his
real name, see
> > Paine, Lauran
I or works written under his other pseudonyms
see
...

3. 一般说明款目(General explanatory entry)

规范文档中的一般说明款目与目录中所用的一般说明款目是相同的,实际上是一种参照款目。但与上述参照款目不同。首先,一般说明款目的说明标目,不是通常形式的标目;而是该款目所要说明的某类标目的一种概括性的表达形式,它是不完整的、格式化的、例证式的标目。其次,该说明款目的作用不是将用户指向某个特定的规范标目,而是指导用户去查检完整的一组或一类标目。因此,说明款目的标目附注项给用户提供的不是具体的标目或标目类别,而是完整的一组或一类标目的格式化方法及这类标目在目录中的组织方式。

一般说明款目包括说明标目项、标目附注项、数据来源项和国际标准规范数据号项这四部分。

一般说明款目的著录格式：

```
说明标目
    标目附注
    编目机构名称;编目条例或标准,日期
    标准规范数据号


                            ◯
```

例 1：

```
De la
    Names beginning with this prefix are also entered under La ( e. g. La
    Breteque, Pierre de ) or under the name following the prefix ( e. g.
    Torre, Marie de la )


                            ◯
```

例 2：

```
Conference……
    Conference proceedings are entered under the name of the conference,
    etc. , or the title of the publication if the conference, etc. lacks a name.
    Thus, see also:Symposium…, Workshop…, etc


                            ◯
```

三、规范文档的组成

规范文档由规范款目、参照款目和一般说明款目组成。但是，规范文档的组成并不是各种款目的简单归并。在新的规范记录并入规范文档时,往往标目的唯一性受到检验。因为,在选择规范标目,编目员注意的是在某一个人、某一团体或某部著作的不同标目或不同标目形式之间做选择。譬如:根据 AACR2 应选择个人著者最为人熟知的名称,是笔名还是真名? 是用拼写较完全的形式还是缩写形式? 这要根据文献本身以及有关的参考工具书,选择单个人或单个实体的名称形式。将规范记录并入规范文档时,要注意所选择的名称形式是否具有唯一性。毫无疑问,不同的人或实体应选用明显不同的规范标目。问题在于当碰到不同的人或实体却选用了相同的标目形式时,譬如,同姓同名的著者,或者同姓,名虽不同却选用了相同的缩写形式;或者不同机构主持召开的、相同主题内容的会议,选用了相同的会议名称形式。在这种情况下,编目员就要千方百计地利用参考资料进行核查,设法找出它们之间的差异,将它们区别开来,一定要使标目具有唯一性。

标目的唯一性是规范工作最核心的问题。一旦忽略此问题就会使目录混乱,难以实现目录的汇集功能与检索功能,难以使读者查到他所需要的文献。此种事例在某些图书馆的西文目录中时有发现。例如:某高校图书馆的西文目录中,出现两位甚至三位同姓同名的著者,过去只根据书名页所载形式著录,其结果这几位著者著述的内容相差甚远的文献却选取了同一著者姓名作标目。经核查,根据不同生卒年或全名的差异,分别区分为不同的标目,才真正使标目达到唯一性的要求。

例 1:

Crowson, Philip

Economics for managers:professional'sguide/Phillip Crowson. —3rd ed. —Houndmills:MacMillan, 1985.

vii, 280 p. :ill. ;21 cm

Includes index

ISBN 0 – 333 – 39004 – 0:￥2. 40

◯

例2:

Crowson, Philip.

Minerals handbook, 1982 – 1983/Philip

Crowson. —Byfleet, Surreny:Macmillan, 1982.

vi, 248 p. ;21 cm.

◯

例3:

Crowson, Philip C. F.

Economics for managers/ Philip Crowson andBasil Anthony Richards. —London:Edward Arnold,1978.

248 p. :ill. ;21 cm.

◯

对于上述实例,粗心的编目员很可能将(1)与(2)两条款目中的著者混为一人,而将款目(3)中的著者看作另一个人。核对结果,款目(1)与(3)的著者为同一人,其规范标目为:Crowson, P. C. F(Philip C. F.);而款目(2)的著者则是另一个人,其规范标目为:Crowson,Philip。

由此可见,出错之处在于缺乏图书馆编目的规范工作。

如何使标目具有唯一性呢? 情况各式各样,只能根据具体情况逐个解决。

同姓同名的著者,用加著生年、或生卒年、或创作高峰期的方法加以区别。

例1:

Dumas, Alexandre, 1802 – 1870.

Dumas, Alexandre, 1824 – 1895.

此例为法国作家大仲马和小仲马父子俩姓名全同,故用生卒年加以区别。

例2:

Cohen, Bernard, fl 1822 – 1828.

Cohen, Bernard, 1922 –

Cohen, Bernard, Leonard, 1924 –

Cohen, Bernard, 1937 –

Cohen, Bernard, 1956 –

此例中有五个 Bernad Cohen,除一人加著教名与生年外,其余四人均用生年、生卒年或创作高峰期的方法——加以区分。

区别同名团体名称的方法,往往是加著所在国家、地区或上级机构的名称。对于同名的会议名称,若是同一机构主持召开的某一主题内容的同一系列的会议,用会议届次、年份和地点等附加成分加以区分。若是不同机构主持、召开的同一学科内容的会议,使用相同的会议名称时,则往往冠以主持会议的机构名称,以资区别。

此外,丛编名相同的情形也时有发生。例如:AcademicPress, John Wiley&Son 和 Dakker 三家出版社,分别出版了丛编名均为"Pure and applied mathematics"的丛书。其区别的方法是在丛编名后加著出版者。

总而言之,西文文献中同名的情况千变万化,区分它们的方法须在处理具体问题的实践中不断摸索和积累。

四、规范文档与书目文档相连接形成规范系统

建立规范文档的目的在于利用它来对书目文档实现规范控制。对书目文档的规范控制包括:(1)保证书目文档中一致地使用规范化的标目形式;(2)通过单纯参照将各种不规范的标目一致地指向规范标目;(3)通过相互参照连接相关的规范标目。只有实现了这一切,规范文档与书目文档才能形成为有机地联系在一起的规范系统,才能使之完满地实现目录的汇集与检索功能。反之,书目文档难以实现目录的汇集功能,甚至影响其检索功能。那么,规范文档只能是一种孤立的名称或统一题名等的资料档而已。

根据目前实际工作的情况,规范文档与书目文档之间的连接方式,归纳起来可分为如下四类:

1. 规范文档与书目文档各自独立;
2. 规范文档与书目文档之间存在着相互协调的关系;
3. 规范文档不能单独存在,而是作为书目文档的组成部分。
4. 规范文档与书目文档通过电子链针互相连接。

上述四种连接方式各有利弊。第一种连接方式的特点是规范文档与书目文档各自独立,其不足之处在于规范文档起不到规范控制的作用,形同虚设。第二种连接方式要求书目文档中的书目记录,必须使用规范文档内记载的规范标目。但是在卡片目录的情况下,规范文档一旦有变动,修订与维护十分不易。其主要原因是一个标目的改变涉及多个书目记录。第三种连接方式的特点是,不单设分立的规范文档。过去,有不少图书馆采用这种方式,但规范记录的维护工作也较繁杂。最理想的连接方式是使用计算机,并按照国际上通用的机读形式的规范格式和书目格式,分别设

立规范文档与书目文档,在这两者之间实行电子学技术方式的连接。这种规范系统若设计适宜,一旦标目有改动,只要对规范文档进行修改,所有与之相连接的书目记录也随之修改。

五、规范文档的修订与维护

世上的任何事物总是处在不断地变化与发展之中。规范文档也是如此,它不可能一成不变。这是因为标目所代表的人或事物在变化,编目条例在变化,不断有新的信息,不断发现标目之间新的相互关系,还会不断发现原来编目工作中的失误和差错需要更正。因而,规范文档的修订与维护是规范工作不可缺少的一部分。编目人员在工作中要注意由于各种原因所引起的各种变化,慎重、细致地做好规范文档的修订与维护工作。只有这样,才能保证规范文档对书目文档的规范控制作用。

在编目工作中,对于已建有规范记录的检索点,要对照所编目的文献的最新的信息进行核对,以便确定原有的规范记录是否继续有效,是否需要修改或补充,是否需要编制新参照。总之,编目员要根据编目条例和编目机构的有关业务规定,全面审定标目的正确性,尤其要注意审核与之相同的书目记录。这一切都说明规范文档的维护是一件很费力的工作,必须考虑周到,必须有一系列的工作规程。不能草率从事,否则会影响整个规范工作和书目控制工作的质量。

六、规范文档和规范系统的评估

伯格教授在《规范工作》一书中,以一章的篇幅介绍规范系统的测定与评估,并将它作为规范工作的一个组成部分。对此,人们看法不一。但他在这一章中谈到的评估工作的内容和步骤是值得我们借鉴的。

全面评估规范文档和规范系统的目的在于从总体上考虑它的

效率,避免系统失误。对不同系统进行分析和比较,以便系统设计者和行政管理人员进行正确的业务决策。规范文档和规范系统可以从数据的合法性、格式的合法性、数据的准确性、格式的准确性以及数据的完备性这五方面进行评估。

数据的合法性(Legality of data),是指数据是否符合编目条例的规定、LC 对条例的说明(RIs)以及本地区、本单位的常规等。

格式的合法性(Legality of format),在卡片目录内,格式是一些具体的规则。这些规则规定了规范款目或参照款目各个规范数据项的次序、位置和标识符号。在计算机系统内,则是机读格式(即 MARC 格式)的体现。格式的合法性指的是遵守上述规范数据格式化的规定。

数据的准确性(Accuracy of dada)是指数据的录入要准确无误。在数据录入过程中出现的拼写错误或打印错误都会影响数据的准确性。

格式的准确性(Accuracy of format)主要是指机读格式中的字段标识符、子字段代码、指示符等是否符合格式规定,必备的字段及其组合是否齐备。

数据的完备性(Comprehensiveness)是指规范记录上的信息是否完备,该设的参照和附注项是否充分等。

总而言之,规范工作事关国际范围书目资源共享的大事,还有许多工作要做。70 年代以来,国际编目界愈来愈重视此项工作。然而,仍有好些国家的图书馆不重视规范工作。因此,为了全面开展规范工作,我们还需要从理论上、实践上做好推广、普及工作,要培养出能胜任规范工作、素质高的编目人员,大力开展机读格式规范数据的编制工作。以便早日实现国际范围的书目资源共享。

思考题

1. 70 年代以来规范工作逐渐引起国际编目界重视的原因。
2. 规范工作的意义、作用以及它与目录职能、检索点选取的关系。
3. 规范款目的内容。
4. 参照款目的作用和特点。
5. 你对规范工作的认识和设想。

参考文献

1. 北京图书馆. 规范数据款目著录规则(草案)
2. 熊光莹. 图书馆编目工作中的一项核心工作——规范工作. 大学图书馆学报,1989(2):57 -59;1989(3):55 -58;1989(4):52 -54
3. Auld, L. Authority control: an eighty - year review Library Resources and Technical Services, 1982(26):319 -330
4. Burger, R. H. Authority work: the creation, use, maintenance and evaluation of authority record and files. Littleton, Colo. :Libraries Unilimited, 1985. 126
5. IFLA Working Group on an International Authority System. Guidelines for authority and reference entries. London: International office for UBC, 1984. 40